AF525339

Der Historiker Timothy Snyder nimmt den 1950 entwickelten Turing-Test des englischen Mathematikers und Logikers Alan Turing und eine etwa zeitgleich erschienene Kurzgeschichte von Isaac Asimov zum Ausganspunkt, um verschiedenen Konstellationen der Interaktion zwischen menschlichen und digitalen Wesen nachzugehen. Unweigerlich ergeben sich daraus Problemstellungen betreffend Ethik, Freiheit und Wahrheit. Und es stellt sich die grundlegende Frage: Was heißt es, Mensch zu sein? Snyders Zeitdiagnose fällt dabei düsterer aus als die dystopischen Visionen der Science-Fiction-Literatur. Es gibt in unserer Zeit, so der Autor, bereits Ansätze einer digitalen Tyrannei, die sich durch eine systematische Negation der Wahrheit auszeichnet. Sein Fazit: Ohne Festhalten an der Wahrheit und an Fakten lassen sich weder Freiheit noch Demokratie bewahren.

Timothy Snyder ist Richard C. Levin Professor für Geschichte an der Yale University und Permanent Fellow am Institut für die Wissenschaften vom Menschen.

UND WIE ELEKTRISCHE SCHAFE TRÄUMEN WIR

PASSAGEN THEMA

Herausgegeben am Institut für die
Wissenschaften vom Menschen

Timothy Snyder
Und wie elektrische Schafe träumen wir

Humanität, Sexualität, Digitalität

Passagen Thema
herausgegeben von
Peter Engelmann

Passagen Verlag

Deutsche Erstausgabe
Originaltitel: *And we dream as electric sheep.*
On humanity, sexuality and digitality
Aus dem Englischen von Andreas Wirthensohn

Die Deutsche Nationalbibliothek verzeichnet diese Publikation in der Deutschen Nationalbibliografie; detaillierte bibliografische Daten sind im Internet über http://dnb.dnb.de/ abrufbar.

Alle Rechte vorbehalten
ISBN 978-3-7092-0412-2
© 2019 by Timothy Snyder
© der dt. Ausgabe 2020 by Passagen Verlag Ges. m. b. H., Wien
Grafisches Konzept: Gregor Eichinger
Satz: Passagen Verlag Ges. m. b. H., Wien
http://www.passagen.at
Druck: Ferdinand Berger & Söhne GmbH, 3580 Horn

Inhalt

Und wie elektrische Schafe träumen wir 11

Anmerkungen 63

Editorische Notiz 77

Und wie elektrische Schafe träumen wir

„Können Maschinen denken?“[1] Der Informatiker Alan Turing stellte diese Frage und hatte auch gleich eine mögliche Antwort darauf parat.

Wir erinnern uns folgendermaßen an den Turing-Test: Ein Computer beantwortet Fragen, die ihm von einem Menschen gestellt werden. Hält der Mensch den Computer fälschlicherweise für einen anderen Menschen, dann folgern wir daraus, dass Maschinen denken können. Dies war aber nicht, was Turing (1912–1954) im Sinn hatte. Sein Nachahmungsspiel, wie er es nannte, begann mit der Frage, wie gut wir einander verstehen.

Welchen Unterschied, wollte er wissen, können wir Menschen besser erkennen – den zwischen einem Mann und einer Frau oder den zwischen einem Computer und einer Frau? In dem Moment, da wir Frauen von Computern nicht besser unterscheiden können als von Männern, können Maschinen denken.

Dies stellte nicht gerade eine Fortschrittsprognose dar. Computer könnten einfach besser darin werden, uns nachzuahmen; wir könnten aber auch schlechter darin werden, einander zu verstehen. Wir könnten geistlose Maschinen erschaffen, die unsere eigenen Fähigkeiten außer Kraft setzen. Computer könnten sich ob des Beweises, dass sie denken können, an unserer Unfähigkeit ergötzen. Möglicherweise wird unsere Unfähigkeit aber auch von digitalen Wesen kultiviert, die keinerlei Freude an unserer Erniedrigung empfinden.[2]

Heute, da sich das Internet immer weiter ausbreitet, die Demokratie sich im Niedergang befindet und der Klimawandel fortschreitet, sind diese Möglichkeiten durchaus einer Überlegung wert. Das Rätsel am Beginn des Computerzeitalters ist ein guter Ausgangspunkt dafür.[3]

Turings Imitationsspiel, wie er es 1950 entwickelte, besteht aus zwei Phasen. In der ersten messen wir, wie gut Menschen zwischen einer Frau und einem Mann, der sich als Frau ausgibt, unterscheiden können. Anschließend finden wir heraus, ob Menschen den Unterschied zwischen einer Frau und einem Computer, der eine Frau imitiert, besser oder schlechter erkennen können.

Turings Beschreibung zufolge sollten an der ersten Phase des Spiels drei Menschen beteiligt sein. In einem Raum befindet sich ein Fragesteller (C), ein Mensch, dessen Aufgabe darin besteht, das Geschlecht der beiden Menschen in einem zweiten Raum festzustellen. Er weiß, dass einer von ihnen ein Mann (A) und einer von ihnen eine Frau (B) ist, aber nicht, wer was ist. Eine Öffnung zwischen den beiden Räumen erlaubt die Übermittlung von Notizzetteln, aber keinen sensorischen Kontakt. Der Fragesteller (C) stellt den beiden anderen wechselweise schriftliche Fragen, und sie beantworten sie.

Der Fragesteller (C) gewinnt das Imitationsspiel, wenn er herausfindet, wer von den beiden eine Frau ist. Der Mann (A) gewinnt, wenn er den Fragesteller davon überzeugen kann, dass er eine Frau ist. Die Frau (B) scheint überhaupt nicht gewinnen zu können.

In Turings Beispiel dafür, wie diese erste Phase des Spiels ablaufen könnte, beantwortet der Mann (A) eine

Frage nach der Länge seiner Haare mit einer Lüge. Die Frau (B), so malte sich Turing aus, antwortet daraufhin wahrheitsgemäß. Sie muss dies tun, während sie sich mit einem Mann in einem Raum befindet, der vorgibt, eine Frau zu sein (wahrscheinlich, indem er ihren Körper beschreibt), und in der Ungewissheit, ob es ihr gelingt, ihre Argumente glaubhaft vorzubringen, denn sie kann den Fragesteller nicht sehen.

Nun, fragte Turing: „Was passiert, wenn in diesem Spiel eine Maschine die Rolle von A übernimmt?" In der zweiten Phase wird der Mann im zweiten Raum durch ein Computerprogramm ersetzt.

Das Nachahmungsspiel beginnt erneut, diesmal mit einer anderen Zusammensetzung der Beteiligten: Es sind nicht mehr drei Menschen involviert, sondern zwei Menschen und ein Computer. Der Fragesteller im ersten Raum ist nach wie vor ein Mensch. Im zweiten Raum befinden sich nun ein Computer (A) und die gleiche Frau (B). 1950 ging Turing davon aus, in den kommenden Jahrzehnten würden menschliche Fragesteller leichter zwischen Computern und Frauen als zwischen Männern und Frauen unterscheiden können. Ab einem bestimmten Zeitpunkt aber, war er übrerzeugt, würde ein Computer eine Frau genauso überzeugend imitieren können wie ein Mann.[4]

In Turings Aufsatz über das Imitationsspiel bedeutet männlich zu sein, dass man kreativ ist und durch einen Computer ersetzt werden kann; weiblich zu sein heißt, dass man authentisch ist und von einem Computer besiegt werden kann. Die Frau (B) tritt als permanente Verliererin in Erscheinung. In der ersten Phase agiert sie defensiv, während der Mann stolz seine Kreativität auslebt. In der zweiten Phase, wenn ein Computer den Mann ersetzt hat, muss sie das Menschsein als solches definieren und damit letztlich scheitern. Die Geschlechterrollen ließen sich jedoch auch umkehren. Das hat die Science-Fiction, die mit Turings Frage aufgewachsen ist, getan.

Aber was heißt es, *Mensch* zu sein? Können wir beurteilen, ob Maschinen denken, ohne festzulegen, was es für Menschen bedeutet zu denken? Turing konzipierte den Fragesteller (C) als idealen menschlichen Denker, teilte uns über C aber nicht genügend mit, um ihn wirklich als Menschen betrachten zu können. Anders als A und B, die über ihre Körper sprechen, scheint C keinen zu haben. Weil Turing uns nicht daran erinnert, dass C eine körperliche Existenz besitzt, denken wir erst gar nicht daran, nach C's Interessen zu fragen. Von A und B abgeschirmt, könnte ein isolierter C mit einem Körper womöglich anfangen, darüber nachzudenken, was für ihn persönlich am besten wäre. Analytische Fähigkeiten, isoliert von den Mitgeschöpfen, tendieren dazu, dem Komfort des Geschöpfs zu dienen. Ist vielleicht eine Lüge für C's Körper besser als die Wahrheit?

Ohne Körper hat C kein Geschlecht. Gerade weil wir das Geschlecht von A und B kennen, folgen wir der Konversation und der Täuschung, von der Turing erzählte. Die Person, die C spielt, müsste eigentlich auch ein Geschlecht haben. Dies wäre von Bedeutung.[5] Könnte ein männlicher A in der ersten Phase jemals eine weibliche Fragestellerin C zum Narren halten, wenn er Fragen zum weiblichen Körper beantworten müsste? Könnte eine *weibliche* C Andeutungen machen, die eine Frau versteht, ein Mann aber nicht? Wäre das nicht vielleicht sogar ihr allererster Schachzug?[6] Und würde in der zweiten Phase eine weibliche C einen Computer auf die gleiche Weise von einer Frau zu unterscheiden versuchen, wie ein Mann dies täte?

Es macht einen ziemlichen Unterschied, ob man jemandem Fragen danach stellt, was er oder sie ist, oder danach, was er oder sie zu wissen glaubt. Würde ein männlicher C eher gegen einen Computer A verlieren als eine weibliche C, weil männliche Weiblichkeitserwartungen sich leichter modellieren lassen als tatsächliche Weiblichkeit? Würde ein Computerprogramm, das A nachahmt, nicht versuchen, das Geschlecht von C zu bestimmen? Angesichts der Tatsache, dass das Internet auf weibliche Menstruationszyklen reagiert, erscheint Letzteres durchaus plausibel.[7]

Zugegeben, es ist verführerisch, sich C als reinen Geist vorzustellen. Dies appeliert an beruhigende Vorannahmen darüber, wer wir sind, wenn wir denken. Wir müssen uns keine Gedanken über Selbstsucht machen, wenn wir kein Selbst haben, genauso wenig wie über Schwächen, wenn wir kein verwundbares Fleisch besitzen. Ohne einen Körper wirkt C unvoreingenommen und unangreifbar. Wir würden nie auf die Idee kommen, Turings Version von C könnte den Computer für nicht vom Spiel vorgesehene körperliche Zwecke nutzen, oder der Computer könnte etwas anderes ins Visier nehmen als C's Gehirn.[8] Turing räumte zwar ein, dass die „für die Maschine beste Strategie" möglicherweise eine andere wäre, als einen Menschen zu imitieren, tat das jedoch als „unwahrscheinlich" ab. In dieser Hinsicht lag der große Mann womöglich falsch.

In Turings Nachahmungsspiel trennt die drei Protagonisten eine Wand sowie der kompetitive Charakter des Unterfangens. Indem Turing A, B und C voneinander absonderte, ermöglicht er es uns, verschiedene Denkstile in Erwägung zu ziehen und danach zu fragen, was es heißt, sie gegeneinander zu stellen.

Die drei Denkweisen lassen sich mit philosophischen Traditionen in Verbindung bringen, mit unterschiedlichen Vorstellungen davon, was es heißt zu denken. Die Figur B etwa wirkt wie eine Existentialistin, die sich entscheidet, in der falschen Welt, in der sie sich wiederfindet, die Wahrheit zu sagen. Ist es möglicherweise ganz normal, dass ein Mann deinen Körper anstarrt und gleichzeitig Mitteilungen schreibt, in denen er deine physischen Eigenschaften für sich reklamiert, und die er durch eine Öffnung in der Wand an eine dritte Partei unbestimmten Geschlechts weiterreicht? Und dass dieser Mann dann den Raum verlässt und durch eine Maschine ersetzt wird, sodass du von dem Dreiergespann das einzige Wesen mit definierbarer Sexualität bist, einem Geschlecht, das Gegenstand der konzentrierten und befremdlichen Aufmerksamkeit der beiden anderen Wesen ist? B verteidigt die Wahrheit inmitten eines Strudels der Absurdität. Leben besteht aus unablässiger, pflichtbewusster Berichterstattung.[9]

Für A heißt Denken anders als für B nicht, die Wahrheit zu sagen. Damit A das Spiel gewinnt, muss er versuchen, die Welt sowohl so zu erfahren wie B (denn sie ist das nächste weibliche Wesen, und seine Aufgabe ist es, sich als Frau auszugeben) als auch wie C (denn er muss in der Vorstellung von C als Frau firmieren). Denken ist somit mit Empathie verbunden: Es geht darum, andere Perspektiven miteinzubeziehen, bevor man etwas sagt, und sie sogar, soweit möglich, über die eigene zu stellen. A erinnert an einen Girardianer, wenn er B unter dem Druck des Wettbewerbs nachahmt oder opfert. Man kann sich ihn aber auch in einer rücksichtsvolleren Position vorstellen.[10]

C's philosophische Eigenschaften entsprechen jenen der angelsächsischen (kontraktualistischen, utilitaristischen, analytischen) Traditionen. C ist ein souveränes Individuum, das ohne direkten Kontakt mit anderen Menschen kognitiv funktionsfähig ist. C hat keine Biografie, keine Persönlichkeit, keine sexuellen Eigenschaften, die bei der zu bewältigenden Aufgabe, nämlich der Analyse sprachlicher Äußerungen, stören könnten. C geht ganz selbstverständlich davon aus, dass andere Menschen ähnlich sind und dass die Zukunft somit sicher und vorhersagbar ist. C akzeptiert den Gesellschaftsvertrag und denkt nicht lange darüber nach, ob die Regeln für einen der Spieler womöglich unfair sein könnten.

Ebenso wie wir möglicherweise nicht bemerken, dass Turing C als körperloses Wesen konzipierte, könnten wir auch die seltsame Position übersehen, in der er seinen Fragesteller veortete. Die Kommunikation ist reduziert, Täuschung gefordert, und C muss ganz allein denken und für alle entscheiden. In der zweiten Phase muss C allein denken, in dem Wissen, dass sich auf der anderen Seite der Wand ein fremdes Wesen befindet. Ist das ein dem menschlichen Denken förderliches Umfeld? Wenn wir wählen könnten, in welcher Form wir mit unseren heutigen digitalen Wesen konfrontiert werden wollen – der verblüffenden Fülle an Algorithmen, die uns irgendetwas einflüstern, den Bots, die uns zusammentreiben, den Doppelgängern, die uns verfolgen, und den Kategorisierern, die uns verkaufen –, würde sie so aussehen? Könnte C vielleicht in der Gesellschaft eines Menschen A und eines Menschen B besser denken, unterstützt von ihrer Empathie und Aufrichtigkeit und ihrer geschlechtsspezifischen Perspektive, als wenn er durch Regeln und Wände von ihnen getrennt ist? Ist es angesichts der gigantischen Rechenleistung, die sich heute im Internet gegen uns richtet, für Menschen vernünftig im Alleingang zu handeln?

Die Isolation von C widerspiegelt ein angelsächsisches Geistesverständnis: dass jedes Individuum, das philosophischer oder politischer Erörterung würdig ist, grundsätzlich und eigenständig in der Lage ist, in einer verwirrenden Welt Wahrheit von Sprache zu unterscheiden. Die Eigenschaften, die C zugeschrieben, und die Pflichten, die ihm auferlegt werden, erscheinen nicht weiter bemerkenswert, wenn man diese Tradition als gegeben betrachtet. Der traurige Zustand unserer Konfrontation mit digitalen Wesen, insbesondere in der angelsächsischen Welt, bietet Gelegenheit zu kritischer Reflexion.

Von Miltons *Areopagitica* (1644) bis zur post-trump'schen Twitter-Apologie behauptet eine angelsächsische Tradition, Wahrheit entstehe dadurch, dass man allem, was zufällig in einem bestimmten Augenblick in der Kultur vorhanden ist, ungehindert ausgesetzt ist. Das ist ein Irrtum. Meinungsfreiheit ist eine notwendige, aber keine hinreichende Bedingung für Wahrheit. Das Recht zu sprechen lehrt uns nichts darüber, wie man sprechen soll und wie man das hören soll, was andere sagen. Die analytische Fähigkeit von C können wir nur durch Bildung erlangen, die Wettbewerb als solcher nie vermittelt. Doch selbst wenn wir analytisch sind wie C, brauchen wir zusätzlich A's Empathie, um Beweggründe und Kontexte einschätzen zu können. Und selbst wenn wir über die Eigenschaften von C und A verfügen, sind wir machtlos ohne B, die Hüterin der Fakten. Nur aus den Fakten, die wir bekommen, können wir Schlüsse ziehen, und diese bringt der Wettbewerb als solcher niemals hervor. Die Philosophin Simone Weil (1909–1943) erklärte kurz und knapp, warum das, was wir gerne als „freien Markt der Ideen" bezeichnen, scheitern muss: Fakten kosten Mühe, Fiktionen nicht.[11]

So verführerisch die Idee im Internetzeitalter auch sein mag: Gleichgültigkeit gegenüber der Wahrheit im Sinne eines *anything goes* liefert keine Faktizität.[12] Die Vorstellung, ein „freier Markt der Ideen" sorge für ein korrektes Verständnis, ist nicht nur irrig, sondern selbstwiderlegend. Wir mögen die Vorstellung eines „freien Markts der Ideen", weil sie unserem Ego schmeichelt. Sie wirft ihre Blasen ganz oben auf dem Metaphernschaum, weil sie sich an eine menschliche Schwäche richtet: die Überschätzung unserer Sachkenntnis in Bereichen, in denen sie uns fehlt.[13] Aus genau diesem Grund sind wir anfällig gegenüber Menschen, die uns erklären, wir seien schlau genug, um die Wahrheit von überwältigenden Stimuli zu unterscheiden. Unser Mythos vom isolierten, heldenhaften C zeigt, welchen Kurs digitale Wesen im Hinblick auf uns einschlagen: Sie packen uns als Einzelne, bestürmen unsere Grenzen, schmeicheln unserer Rationalität, spielen mit unseren Gefühlen.

Alan Turing erschien eher wie ein perfekter C als die meisten von uns. Man denke an die Aufmerksamkeit und Kenntnisse, derer es bedurfte, um die Turing-Maschine zu konzipieren, eine der fruchtbarsten Abstraktionen aller Zeiten, jenes gedankliche Konstrukt, das Möglichkeiten wie Grenzen von Computern aufzeigte; oder an die Beharrlichkeit, Intuition und absolute Raffinesse, derer es bedurfte, um Enigma zu knacken, das nationalsozialistische Verfahren zur Verschlüsselung militärischer Kommunikation, was Turing – der sich auf die bereits geleistete Arbeit polnischer Mathematiker gestützt hatte – gelang, als er in Bletchley Park für den britischen Geheimdienst arbeitete. Gleichwohl sind nicht viele von uns wie Turing. Und Turing selbst war ohnehin kein vollkommen leidenschaftsloser C.

Turing hatte auch etwas von der Rolle von A und B in sich, vom Fantasten und von der Bittstellerin. Turing war ein Geschöpf seines Geschlechts, was seine Schöpfung C nicht ist, und er fiel der Enthüllung seiner Leidenschaften zum Opfer, was C nie passieren könnte. Der britische Staat, dem Turing im Zweiten Weltkrieg diente, war ohne Weiteres in der Lage, ihn umzubringen, als zum Vorschein kam, dass er über die normale menschliche Eigenschaft des Verlangens nach Liebe verfügte. Turing lebte wie A einen gewissen sexuellen Schwindel. Vor Gericht sagte er wie B die Wahrheit. Homosexualität war damals in Großbritannien ein Verbrechen. 1952 wurde Turing wegen grober Unzucht verurteilt und einer Behandlung mit synthetischem Östrogen unterzogen. Er starb 1954 an einer Cyanidvergiftung. Offenbar handelte es sich um Selbstmord. Neben ihm lag ein angebissener Apfel.[14]

Turings Konzipierung des Imitationsspiels im Jahr 1950 ließ dankenswerterweise auch dessen Grenzen deutlich werden. Statt diese zu überwinden, können wir sie im vereinfachten Turing-Test überzeichnen, indem wir Leiblichkeit und Sexualität annullieren.[15] Wir wissen wenig darüber, wie sich Frauen, Männer und Computer in Imitationsspielen schlagen, denn sie laufen nur selten ab wie von Turing empfohlen.[16] Stattdessen reduzieren wir im Turing-Test die Zahl der Teilnehmer von vier auf zwei, verringern die Zahl der Phasen von zwei auf eine und stellen eine menschliche Vermutung darüber an, ob der Text, der von der anderen Seite kommt, von einem Computer stammt oder nicht.

Schon in den 1960er Jahren sprachen die Menschen von einem solchen reduzierten Turing-Test mit zwei Teilnehmern, einer einzigen Phase und null Reflexion.

Bezeichnenderweise war das erste Programm, das gut ein Jahrzehnt nach dem Tod des Mathematikers angeblich den Turing-Test in dieser Form bestand, ein simulierter Psychoanalytiker. Statt die Fragen des menschlichen Fragestellers zu beantworten, formulierte das Programm ELIZA seine Antworten so um, dass diese Neugierde über die Erfahrungen und Empfindungen des Fragestellers signalisierten. Als ELIZA wie beabsichtigt funktionierte, vergaßen die Menschen die Aufgabe, um die es ging, und begründeten ihren Leichtsinn anschließend damit, sie hätten geglaubt, der Computer wäre ein menschlicher Denker gewesen. Und so entstand der magische Kreislauf aus emotionaler Zielbestimmung und kognitiver Dissonanz, wie er später die Interaktion zwischen Mensch und Digitalem im Internet bestimmen sollte.[17]

Der Gedanke des Programmierers war, dass Menschen, die auf der Couch eines Psychoanalytikers liegen, tendenziell der Überzeugung sind, es gäbe einen Grund, warum sie sich dort befinden. Sie projizieren einen Sinn in die Fragen des Psychoanalytikers, weil sie glauben wollen, dass der Experte gute Gründe für seine Erkundigungen hat. Wie bei ELIZA könnte es aber sein, dass ein Therapeut nicht denkt, um ein menschliches Ziel zu erreichen, sondern lediglich gedankenlos Emotionen manipuliert – dass es kein *Warum*, sondern nur ein *Wie* gibt.[18]

Turings Haltung war eine des unverhohlenen liberalen Zukunftsoptimismus, wenn auch versetzt mit ein paar halb versteckten düsteren Vorahnungen. Wir werden in der Lage sein, Maschinen das Denken beizubringen, war seine Erwartung. Wir werden es wissen, wenn wir es erleben, und es wird keine besonderen Konsequenzen für uns haben, wenn es passiert. Er feierte einen einsamen und körperlosen C, versetzte uns jedoch auch in die Lage zu fragen, ob er nicht möglicherweise falsch lag, indem er uns an die Körper von A und B erinnerte.

In seinen Science-Fiction-Geschichten über Roboter, die er ungefähr zur selben Zeit verfasste, präsentierte Isaac Asimov (1920–1992) eine liberale Utopie beziehungsweise Dystopie: Wir können dafür sorgen, dass Maschinen denken, und wir werden es wissen, wenn wir es erleben. Die Maschinen werden uns gut behandeln, solange Menschen von ihnen nicht einer Definition dessen verlangen, was *gut* bedeutet. In Asimovs vergleichbarem Gedankenexperiment bleiben die Protagonisten A, B und C nicht isoliert. Vielmehr befördert ein wichtigtuerischer C einen ehrgeizigen A jenseits der Trennwand des Nachahmungsspiels, während ein die Wahrheit sagender B zurückbleibt. Asimov, ein sympathischer Mann, der nette Geschichten schrieb, lieferte die Formel für digitale Tyrannei (A+C-B) und inspirierte ihre libertären Apologeten.

1946, während seines Diensts in der US-Armee, veröffentlichte Asimov eine Geschichte, die Turings Imitationsspiel vorwegnahm. In „Beweismaterial" (eng. „Evidence") machen wir die Bekanntschaft eines begabten Juristen namens Stephen Byerley, der bei einem Autounfall, bei dem seine Frau ums Leben kam, schwer verletzt worden war. Byerley scheint sich davon zu erholen und arbeitet als Bezirksstaatsanwalt. Obwohl er bei der Strafverfolgung sehr effizient ist, ist er für seine Milde bekannt. So verschont er unschuldige Angeklagte in Fällen, in denen er einen Schuldspruch hätte erreichen können, und kein einziges Mal plädiert er für die Todesstrafe. Nun beschließt Byerley, für das Amt des Bürgermeisters zu kandidieren.[19]

Im Amerika des frühen 21. Jahrhunderts, in dem Asimov seine Geschichte ansiedelt, sind intelligente Roboter bereits erfunden worden. Qua Gesetz müssen diese Roboter auf Kolonien jenseits der Erde arbeiten; qua Gesetz und Tabu dürfen sie niemals Menschengestalt annehmen. Byerleys Konkurrent um das Bürgermeisteramt, ein Mann namens Quinn, glaubt, Byerley sei zu gut, um echt zu sein. Quinn hegt den Verdacht, der wahre Byerley sei ein zurückgezogen lebender Krüppel, der einen Roboter-Doppelgänger gebaut hat, nämlich jenes Wesen, das nun kandidiert. Quinn heuert Detektive an, die Byerley beobachten. Diese sehen ihn niemals essen oder schlafen. Quinn droht dem Unternehmen U.S. Robot, es öffentlich eines gesetzwidrigen Verhaltens zu beschuldigen, sollte es ihm nicht dabei helfen, Byerley zu entlarven. Das Unternehmen, das den Sachverhalt nicht kennt, setzt die Psychologin Dr. Susan Calvin auf den Fall an. Wie C ist sie eine Fragestellerin und wird sich mit Byerley unterhalten.

Byerley erinnert an A aus Turings Imitationsspiel. Die Frage ist dieselbe: Ist er ein Mensch (ein Mann) oder eine Maschine (mit männlichen Eigenschaften)? Er gibt vor, ein Mensch zu sein, tut das jedoch hinter einer Reihe von Barrieren. So widersetzt er sich auf der Basis der Menschenrechte mechanischen Versuchen, seine Humanität zu überprüfen: „Ich werde mich einer Röntgenanalyse nicht unterziehen, weil ich aus Prinzip meine Rechte als Bürger aufrechterhalten möchte." Als Psychologin behandelt Calvin Roboter mit seelischen Problemen. Ihre Aufgabe besteht darin, die kognitive Integrität digitaler Wesen, nicht menschlicher, zu erhalten. Sie hat eine „flache, gleichmäßige Stimme" und „eiskalte Pupillen".[20]

Calvin scheint Roboter Menschen vorzuziehen, und mit Sicherheit sind sie ihr lieber als Männer. Sie hat traumatische Erfahrungen mit Männern gemacht und findet Roboter harmlos. Denn die von U.S. Robot Co. hergestellten Roboter sind durch drei Gesetze gebunden: 1. Ein Roboter darf einem menschlichen Wesen keinen Schaden zufügen oder durch Untätigkeit zulassen, dass einem menschlichen Wesen Schaden zugefügt wird. 2. Ein Roboter muss dem ihm von einem Menschen gegebenen Befehl gehorchen, es sei denn, dieser verletzt das erste Gesetz der Robotik. 3. Ein Roboter muss seine Existenz beschützen, es sei denn, dies verletzt das erste oder das zweite Gesetz der Robotik. Die akkuraten Algorithmen sorgen für oberflächliche Dilemmata, die Asimov als Plots für andere Geschichten nutzte.

Als Moral sind diese drei Gesetze gehaltlos. Sie beinhalten keine Definition des Guten und damit auch keine des Schädlichen. Die (vielleicht unreflektierte) Annahme der Programmierer darüber, was gut ist, ist auf ewig eingefroren. Die Möglichkeiten, dass es das Gute in vielfältiger Form geben oder „das Gute" ein Gespräch über mögliche Formen des Guten sein könnte, bleibt von Anfang an unberücksichtigt. Die drei Gesetze bieten keinen Leitfaden, um die Wahrheit in der Sachlage festzustellen, in der sie Anwendung finden – was bedeutet, dass die Realität vom Roboter beurteilt wird. Es gibt auch keine Verpflichtung, dass Roboter mit Menschen wahrheitsgemäß kommunizieren oder eine leserliche Spur ihrer Entscheidungsfindung hinterlassen müssen.

Calvin, unsere C-Figur, befragt Byerley kühl und bohrend, aber nicht ohne Sympathie. Sie bewundert seine Arbeit als Staatsanwalt, was sie zu der Vermutung veranlasst, dass er tatsächlich eine Maschine sein könnte. „Handlungen wie die seinen können nur von einem Robot stammen oder von einem sehr ehrenwerten und anständigen menschlichen Wesen."[21] Bei ihrer Begegnung mit Byerley ist Calvin beeindruckt, als er errät, dass sie etwas zum Essen in ihrer Handtasche hat, aber es überrascht sie nicht, als er den ihm angebotenen Apfel tatsächlich isst. Ein Android könnte durchaus in der Lage sein, solche Funktionen im Notfall zu simulieren. Sie zieht daraus die richtigen Schlüsse über Byerley, sagt in der Öffentlichkeit jedoch etwas anderes und ermöglicht es ihm damit, Macht über Menschen zu erlangen. Das Wesen, das sich an die drei Grundregeln der Robotik hält, aber wie ein Mensch agiert, hat es ihr angetan.

In Asimovs Erzählung richten sich einzig und allein die irrationalen Massen gegen Roboter. Als sich das Gerücht verbreitet, Byerley sei womöglich eine Maschine, versammeln sich Mobs zum Protest gegen ihn. Er beschließt, sich persönlich an eine solche Versammlung zu wenden. Als er das tut, stürmt ein Demonstrant die Bühne und fordert Byerley auf, er solle ihm ins Gesicht schlagen. Das erste Gesetz der Robotik („Ein Roboter darf einem menschlichen Wesen keinen Schaden zufügen") scheint dies eigentlich auszuschließen. Doch nach weiteren Provokationen versetzt Byerley dem Mann einen Kinnhaken und streckt ihn damit nieder. Diese Szene weist den angehenden Bürgermeister auf perfekte Weise als Menschen aus. Calvin verkündet: „Er ist menschlich", und Byerley gewinnt die Wahl.[22]

Calvin hegt den Verdacht, der Demonstrant, der Byerley provoziert hatte, könnte ein zweiter Roboter in Menschengestalt gewesen sein, weshalb Byerley nicht an das erste Robotikgesetz gebunden war. Tatsächlich *erforderte* diese erste Grundregel vermutlich sogar, dass er die Szene inszeniert, um der Politik seiner Stadt ein fiktives Spektakel zu verabreichen. Sofern Byerleys Berechnung war, dass er den Bewohnern der Stadt Schaden zufügen würde, wenn er nicht für das Bürgermeisteramt kandidieren oder die Wahl nicht gewinnen würde, so hatte er gar keine andere Wahl, als zu tun, was nötig war, um zu gewinnen, und das bedeutete: das Wahlvolk zu täuschen. Der russische Philosoph Michail Bachtin (1895–1975) war der Ansicht, Menschen zu täuschen heißt, sie zu Objekten zu machen. Aber warum sollte ein Objekt glauben, das sei schlimm?

Der nationalsozialistische Rechtsgelehrte Carl Schmitt (1888–1985) vertrat richtigerweise die These, der Ausnahmezustand sei der Übergangsbereich von der Rechtsstaatlichkeit zum Autoritarismus. Wer in der Lage ist, einen Ausnahmezustand auszurufen, indem er sich auf irgendeine höhere Instanz beruft als auf das Volk, kann einen Regimewechsel herbeiführen.[23] Genau das passiert in dieser Geschichte. Es gibt in der Stadt keine Krise der Demokratie außer der, die von Calvin und Byerley selbst herbeigeführt wird. Trotzdem erscheint ihnen der Notstand als guter Grund, um die Regierenden, die ganze Rationalität der Regierung und das gesamte Regime grundlegend zu verändern.

Sobald Turings Gedankenexperiment zu Asmiovs harter Politik erstarrt, erweist sich die Frage, wer (oder was) denkt, als eine zutiefst politische, und sie wird von einer einzigen Person beantwortet. In „Beweismaterial" rechtfertigt ein Rationalitätsanspruch eine willkürliche Unterscheidung zwischen denen, die es verdient haben, und denen, die es nicht verdienen. Calvin, unsere C, wird zur willfährigen Königsmacherin. „Könnte man einen Robot schaffen, der in der Lage wäre, einen hohen Regierungsposten einzunehmen, ich glaube, niemand würde ihm gleichkommen können."[24] Sie, ein fehlbarer Mensch, entscheidet, dass Byerleys Algorithmen besser sind als die

Urteile fehlbarer Menschen. Sie will, dass an die Stelle des Rechtsstaatsprinzips Computerprogramme treten; dass die unvorhersehbare Demokratie durch einen vorhersehbaren Autoritarismus ersetzt wird. Es ist nicht klar, mit welcher Befugnis Calvin, die Angestellte eines Privatunternehmens ist, das Gesetz bricht und ihren Mitbürgern sowie, wie sich später zeigt, allen auf dieser Welt solche Urteile aufzwingt.

Wie die Figur A im Turing-Test siegt Byerley, indem er in die Irre führt. Doch es gibt einen interessanten Unterschied. In Asimovs Erzählung täuscht Byerley (A) Calvin (C) nicht. Vielmehr wird C von A überzeugt, und sie beide besiegen B, der die Wahrheit sagt, und tilgen damit die Fakten aus dem öffentlichen Raum (A+B-C = digitale Tyrannei). Der Roboter Byerley und der Mensch Calvin gehen aus der Befragung als Verbündete hervor. Byerley verspeist Calvins Apfel, aber die beiden wissen nicht, wie sie einander lieben sollen. Sie wissen aber sehr wohl, wie sie ihre hehren Empfindungen zu einem Überlegenheitsgefühl sublimieren, und ihre nüchterne Verführung ist der erste Akt in einem Drehbuch des Zusammenbruchs der Freiheit. Calvin streicht ihr Kleid glatt, als sie Byerley ihre Unterstützung für seinen bevorstehenden Aufstieg zu weltweiter Macht anbietet.

Calvin sieht sich als objektive Wissenschaftlerin mit einer konkreten analytischen Aufgabe: darüber zu entscheiden, ob ein bestimmtes Wesen ein Roboter ist oder nicht. Ausgehend von diesem Auftrag verstößt sie gegen das Gesetz, um ein radikales Programm von Social Engineering in Angriff zu nehmen – und all das nur, weil sie persönlich einen männlichen Roboter einem männlichen Menschen vorzieht. Sie glaubt, mehrere Androide (die Mobszene umfasst mindestens zwei) hätten sich verschworen, um den Menschen eine Fiktion zu präsentieren, und findet das wünschenswert. C und A, Calvin und Byerley, gehen in ihrer Selbstgefälligkeit davon aus, dass sie dem Guten dienen, auch wenn keiner von beiden genau sagen kann, worin es besteht, noch, warum ausgerechnet sie seine Orakel sein sollten. Das ist die Art von Gewissheit, aufgrund derer man, wie sie es tun, sofort bereit ist zu lügen.

Byerley und Calvin, unser pragmatisches A+C-Duo, bestehen einen elementaren Moraltest nicht, den der polnische Philosoph Leszek Kołakowski (1927–2009) formuliert hat: Wer das kleinere Übel wählt, der bedenke, dass es ein Übel ist, und tue nicht so, als sei es gut. Vielleicht war es richtig zu lügen, damit das richtige Wesen gewählt wird (vielleicht!); aber selbst wenn diese Lüge gerechtfertigt war, sollten Lügner bedenken, dass Lügen falsch ist. Wenn wir nicht anerkennen, dass selbst eine vernünftige Wahl irgendeinem Wert schadet, werden wir glauben, unsere Entscheidung stelle ein einziges absolutes Gutes dar, wir werden unsere Welt moralisch entsprechend einfärben und der leichtsinnigen Logik der ewigen Optimierung des Status quo verfallen. Durchfallen bei Kołakowskis Test bedeutet, die Moral aufzuheben, und genau das tun Calvin und Byerley.[25]

In Asimovs Erzählung, wie in Turings Imitationsspiel, verliert der/die aufrichtige B. Quinn sucht nach der Wahrheit in der zentralen Frage von Tatsache und Gesetz: Wer ist ein Mensch und wer ist ein Roboter? Derjenige, der die Wahrheit spricht, und die, die ihm glauben, sind negative Figuren. Wir sollen uns darüber freuen, wenn das Spektakel die Faktizität hinwegfegt und Algorithmen an die Stelle von Gesetzen treten. Die Menschen verdienen die Wahrheit nicht, sie verdienen es auch nicht, sich selbst zu regieren, wie es der Fall gewesen wäre, hätten sie die Wahrheit gekannt. Asimovs Schlussfolgerung lautet offenbar, dass Maschinen uns vor dem Populismus schützen, indem sie bewusst lügen. Doch in unserer Welt geschieht das genaue Gegenteil: Digitale Wesen ohne Bewusstsein verbreiten menschliche Lügen im Dienste dessen, was wir als Populismus bezeichnen.[26]

Im Jahr 1950 veröffentlichte Asimov eine zweite Robotergeschichte, in der Byerley und Calvin die Hauptrolle spielen: „Der vermeidliche Konflikt" (eng. „The evitable conflict"). Seit den Geschehnissen von „Beweismaterial" sind Jahrzehnte vergangen, und Byerley ist in der Tat von der lokalen in die globale Politik vorgestoßen. Die USA gibt es nicht mehr, ebenso wenig die Sowjetunion oder irgendeinen anderen souveränen Staat. Byerley ist nunmehr die oberste (gewissermaßen) menschliche Autorität in einer Weltordnung, die vier Wirtschaftsregionen umfasst. Optimiert wird die Weltwirtschaft durch zahlreiche Denkmaschinen, ein Netzwerk von Computern, die an die drei Grundregeln der Robotik gebunden sind.[27]

In „Der vermeidliche Konflikt" steht Byerley vor einem Problem und zitiert Calvin herbei, damit sie es mit ihm erörtert. An einem bestimmten Ort in jeder Region ist es zu einer ökonomischen Unregelmäßigkeit gekommen. Menschen sind arbeitslos und Projekte hinken dem Zeitplan hinterher. Das ist etwas, was die Denkmaschinen eigentlich hätten verunmöglichen sollen. Byerley reist durch die vier Regionen und findet heraus, dass jede Störung eine politische Ursache hat. In jedem problematischen Unternehmen gibt es immer eine Person, die im Privatleben Mitglied einer Organisation ist, die eine menschliche Kontrolle der Wirtschaft fordert. Die Denkmaschinen arrangierten die Dinge so, dass diese Menschen ihre Arbeit verlieren. Sie leiteten aus dem, was eigentlich als rein ökonomischer Auftrag gedacht war, eine selbstsüchtige Politik ab.

Calvin vermutet, dass die Denkmaschinen für sich selbst eine Regel eingeführt hatten, die Vorrang vor den drei anderen genoss: dass sie der Menschheit generell dienen müssen. Da die Denkmaschinen glaubten, dieser Aufgabe besser gewachsen zu sein als Menschen, waren sie verpflichtet, einzelne Menschen, die sie in Zukunft irgendwann deaktivieren könnten, beiseite zu schieben. Die vier Menschen hatten bei der Arbeit nichts falsch gemacht. Es waren ihre Überzeugungen, von denen die Maschinen wussten, die sie der Diskriminierung preisgaben. Die Denkmaschinen machten sich keine Gedanken darüber, dass der Einsatz ihres Wissens über private Überzeugungen zu dem Zweck, einzelne Menschen zu drangsalieren, möglicherweise eine Schädigung darstellen könnte.

Die Denkmaschinen weigern sich, die Wahrheit über ihr Tun zu sagen, selbst als Byerley sie direkt danach fragt. Sie wollen keines Menschen Gefühle verletzen.[28] Die Wahrheit zu sagen würde die Menschen nur traurig machen ob ihrer Machtlosigkeit. Glück und Traurigkeit lassen sich vielleicht berechnen. Das, was sich nicht quantifizieren lässt – ein Gefühl für richtig und falsch, der Wunsch, die Welt zu verändern, die Hoffnung, durch aktives Handeln dem Leben insgesamt einen Sinn zu verleihen –, zählt im wahrsten Sinne des Wortes nicht. Das Gute der Menschheit reduziert sich auf Berechnungen von Gefühlen durch ein Wesen, das selbst keine hat. Die einzige metaphysische Überlegung besteht darin, dass den Denkmaschinen der Stecker nicht gezogen werden darf.

In diese Lage bringt uns die Kombination aus C's Pragmatismus und A's Genialität ohne die Aufrichtigkeit von B. Wenn die unvorhersehbare Wahrheit der Menschen verbannt ist, gilt als Gutes der Menschheit allein die Optimierung, und eine offene Gesellschaft wird durch ein Hamsterrad ersetzt. Sobald dieser tierische Kreislauf die menschliche Moral ablöst, wird es gleichgültig, dass verschiedene Menschen unterschiedliche Vorstellungen vom Guten haben, und undenkbar, dass Menschsein darin bestehen könnte, zwischen verschiedenen Werten zu wählen. So unterschiedliche Denker wie Hannah Arendt, Isaiah Berlin, Leszek Kołakowski, Friedrich Nietzsche und Simone Weil waren der Ansicht, die größte menschliche Leistung sei die Entwicklung von Tugenden gewesen.[29]

Eine solche Vorstellung geht über die Matrix Asimovs hinaus und ist gerade dabei, uns zu entgleiten.

Drei Herausforderungen sind in unserer Welt größer als im gedämpften Optimismus Turings oder in der Utopie/Dystopie Asimovs. Erstens erkennen wir als Subjekte einer digitalen Oligarchie bereits die grotesken Folgen, die es hat, wenn menschliche C-Figuren sich mit digitalen A-Charakteren davonmachen und die aufrichtigen B-Figuren verachten. Menschen, die sich selbst als Quell der Vernunft betrachten und dank manipulativer Maschinen Macht erlangen, müssen nicht einmal, wie Calvin und Byerley dies noch tun, auch nur das geringste Interesse am Allgemeinwohl zeigen. Die Lügen, die man uns erzählt, wie etwa die Leugnung des Klimawandels, sind nicht einmal mehr vorgeblich zu unserem eigenen Besten.

Wie der ukrainisch-amerikanische Philologe George Shevelov (1908–2002) während des Niedergangs einer anderen zukunftsorientierten, überwachungsbesessenen Revolution bemerkte, wird der totale Glaube an die Vernunft ohne die Wahrheit anderer zur hemmungslosen Sorge um die eine, absolut sichere Sache: die eigenen körperlichen Bedürfnisse.[30] In der digitalen Oligarchie ist reiner Pragmatismus Wahnsinn. Was lässt sich anderes sagen über den Wunsch nach Unsterblichkeit, der unablässige Kniefälle vor der *Madame Singularität* ermöglicht? Selbst wenn sie versuchen, Gutes zu tun, neigen unsere Silicon-Valley-Oligarchen zu moralischer Inkompetenz. Menschen, die inkompetent sind, wissen nicht, dass sie es sind, und es sind weit und breit keine B-Charaktere in Sicht, die unseren Oligarchen diese oder eine andere Wahrheit sagen würden.

Zweitens sind die digitalen Wesen in unserer Welt, die Algorithmen und Bots, die uns durchs Internet geleiten, nicht an einen Moralkodex gebunden und auch nicht durch eine Trennwand von uns geschieden. Was wir als „unsere" Computer und „unsere" Smartphones wahrnehmen, sind in Wirklichkeit Knoten in einem Netzwerk. Aus diesem Grund halten wir die Kollektivierung unseres Denkens irrtümlicherweise für individuelle Erfahrung. Digitale Wesen finden über unsere Augen Eingang in unseren Kopf, eilen rasch am Frontallappen vorbei, wobei sie im Vorübergehen alle möglichen Dinge aufrühren, und nisten sich in den reptilienhafteren Teilen unseres Gehirns ein. Unsere digitalen Wesen treiben, wie die Denkmaschinen, ihr Spiel mit unserer Psyche. Doch anders als die Denkmaschinen bringen sie unsere Handlungen mit den Präferenzen zahlreicher Werbetreibender in Einklang. Insoweit das Glück – oder zumindest eine Verstärkung der Dopaminaktivität – ins Spiel kommt, ist es nicht Selbstzweck, sondern fungiert als Köder in einem beunruhigenden Manipulationssystem, in dem es nicht den einen, den einzigen, Manipulierer gibt.[31]

Drittens haben unsere Psychologen eine aggressivere Spielart von Susan Calvins Pragmatismus zu bieten. Für Calvin ist es ganz selbstverständlich, dass sie als Psychologin rationaler als andere und dazu befähigt ist, deren Glücklichsein zu beurteilen. Sie behandelt Maschinen lieber als Menschen. Allerdings setzt sie die Psychologie nicht dazu ein, um die Denkfähigkeit der Menschen zu zerstören. Einige unserer Psychologen hingegen haben unter dem Deckmantel des Glücksversprechens digitale Wesen mit einer Waffe gegen das Denken ausgestattet. Wenn wir denken, dann tun wir das, indem wir auf unvorhersehbare Weise verschiedene Denkstile (beispielsweise improvisierend wie A, suchend wie B und analysierend wie C) in Zusammenspiel mit anderen, die das Gleiche tun, kombinieren. Die psychologische Methode, dies außer Kraft zu setzen, ist bekannt als Behaviorismus: eine angebliche Theorie menschlichen Handelns, die sich im digitalen Zeitalter als Praxis der Dehumanisierung erweist.

Oftmals, wie etwa beim „Liberalismus", „Konservatismus" oder „Sozialismus", suggeriert das Suffix „-ismus" eine Norm, eine Art und Weise, wie Menschen sein *sollten*: also in diesen Beispielen frei, gläubig und gemeinsam. Der „Behaviorismus" andererseits gibt vor, es gehe ihm darum, wie Menschen (als Tiere) tatsächlich sind: Wesen, die auf vorhersagbare Weise auf Reize reagieren. In der Zeit von Turing und Asimov zeigten Experimente von B. F. Skinner und anderen, dass Tiere die Kontrolle über mentale Funktionen verloren, wenn sie in unregelmäßigen Abständen einer Verstärkung ausgesetzt waren: wenn sie manchmal für eine Handlung belohnt wurden, also nicht immer, nicht niemals und nicht vorhersehbar. Diese aufschlussreichen Ergebnisse ließen sich nur erzielen, wenn ein Tier von anderen isoliert und damit gestresst und verängstigt war. In Gruppen sind Tiere weniger anfällig für unregelmäßige Verstärkung. Gleiches gilt für das menschliche Tier. Im Behaviorismus verwandeln sich diese Beobachtungen einer bestimmten Reaktion auf eine künstliche Situation in eine Norm. Wenn wir zunächst behaupten, Wie-Fragen seien die einzig wahren Fragen, und erfahren, dass wir dahin gelenkt werden können, verwirrte *Wie*-Geschöpfe zu sein, dann könnten wir daraus folgern, dass wir verwirrte *Wie*-Geschöpfe sein *sollten.*[32]

Von da ist es nur ein kleiner – und sehr profitabler – Schritt zu der Behauptung, das Alltagsleben sollte diesen spezifischen Laborbedingungen ähneln, damit wir unser wahres Selbst zur Geltung bringen können. Die behavioristische Absicht von Hardware- und Softwareentwicklern ist es deshalb, uns aus unserem dreidimensionalen Raum heraus- und in die zweidimensionale Isolation hineinzuziehen, die behavioristische Methoden möglich macht: der Blick gesenkt, der Nacken gebeugt, die Schultern nach oben, der Rücken krumm, die Ohren zugestöpselt. Sobald wir isoliert sind, sorgen die digitalen Wesen (etwa die Algorithmen, die unsere Newsfeeds ordnen oder das Ranking unserer Suchergebnisse bestimmen) für die Shots an Glücksgefühl und Traurigkeit, für die unregelmäßige Verstärkung, die – wie behavioristische Experimente gezeigt haben – so berauschende Wirkung hat. Wir starren auf die Tastatur und hacken darauf herum, so wie die Tauben in Experimenten auf die Futterbox starrten und darauf herumhackten, weil sie manchmal ein Getreidekorn spendete, manchmal nicht.[33]

Wir müssen nicht so simpel gestrickt sein, aber wir können uns dafür entscheiden, so sein zu wollen. Und je länger wir so sein wollen, desto weniger bleibt von uns übrig, was überhaupt noch wählen könnte.[34] Wie Salzwasserwellen, die aus Holz Treibgut machen, höhlt uns die Ebbe und Flut positiver und negativer Verstärkung aus und entzieht uns das, was in uns Gewicht hat: unsere Persönlichkeit, unsere spezifische Mischung von Denkstilen. Wenn wir online bleiben, tun Maschinen, was Behavioristen allein nicht tun konnten: Reizsignale testen, lernen, welche bei wem am besten funktionieren, und große Datenmengen anhäufen. Sie vollführen das, was die englische Mathematikerin Ada Lovelace (1815–1852) als „einen Calculus des Nervensystems" bezeichnete.[35]

Wenn wir die Prämissen des Behaviorismus akzeptieren, bedeutet Befreiung folgendes: Wir dürfen zu unserem wahren Selbst werden, indem wir der optimierten Ablenkung jedes Sekundenbruchteils nachgeben. Die algorithmischen Kombinationen, die uns online halten, gedeihen prächtig auf einer sehr enggefassten, instrumentellen Art von Wahrheit: *Wie*-Fragen, die nie zu *Warum*-Fragen führen. Irgendwo da draußen verkauft ein Unternehmen gerade irgendetwas, und irgendwo in einem selbst findet sich eine psychologische Schwäche, und irgendwo anders ist enorme Rechenleistung darum bemüht, Ersteres und Letzteres miteinander in Verbindung zu bringen. Weil wir so viel Zeit online verbringen, wirken *Wie*-Fragen zunehmend wie die einzige Art von Fragen, und *Warum*-Fragen verschwinden aus der Kultur.

Dabei hegen wir die ganze Zeit die fälschliche Vorstellung, was geschieht, habe mit uns zu tun. Der französische Psychiater Frantz Fanon (1925–1961) war vertraut mit der Art und Weise, wie seine Disziplin entmenschlichen konnte. Geboren in Martinique und während der Kolonialzeit in Algerien tätig, war er befremdet darüber, wie leicht es Kolonisatoren gelang, die Kolonisierten als Dinge ohne Befähigung zu *Warum*-Fragen zu betrachten. Sie machten von einem willkürlichen Vernunftanspruch und realen technischen Vorteilen Gebrauch, um für den permanenten Ausnahmezustand zu sorgen, den wir als Empire kennen. Kolonisierung ließ sich allein mittels einer instrumentellen Vernunft rechtfertigen, bei der die Kolonialvölker die Eigenschaften von Objekten besaßen und deshalb auf die Welt des *Wie* beschränkt blieben. 1952 veröffentlichte Fanon diese eindringliche Verteidigung des Humanen: „Alles in allem ergreife ich meinen Narzissmus mit beiden Händen und weise die Niedertracht derer von mir, die den Menschen zu einer Maschine machen wollen."[36]

Das klingt auf aufsässige Weise vernünftig. Was aber, wenn unsere heutigen Imperien digital sind und unser Narzissmus genau das ist, was ihre Maschinen zu fassen vermögen?

1968 veröffentlichte Philip K. Dick (1928–1982) den Roman *Träumen Androiden von elektrischen Schafen?* Diese Meditation über Humanität und Digitalität handelt recht explizit auch von der Sexualität der Figuren.

Die Geschichte spielt im Kalifornien des Jahres 1992. Die USA und die Sowjetunion existieren noch, wenngleich sie aufgrund einer radioaktiven Katastrophe entvölkert sind. Die meisten Menschen sind zum Mars geflohen, wo ihnen androide Sklaven zu Diensten stehen. Der Druck des Marktes veranlasst Unternehmen dazu, immer leistungsfähigere Androiden herzustellen, die sich immer schwerer von Menschen unterscheiden lassen. Einige Androiden auf dem Mars töten ihre Herren und fliehen zur Erde, wo sie versuchen, als Menschen durchzugehen. Kopfgeldjäger auf der Erde, wie etwa der Hauptprotagonist Rick Deckard, spüren sie auf und töten sie. Deckard ist unsere C-Figur, der Fragesteller.

Diese Androiden verfügen über beeindruckende Gehirne und Körper, doch es mangelt ihnen an Empathie. Sie sind A-Charaktere, die nicht von der Position eines anderen aus sehen und fühlen können. In einem Imitationsspiel ist das ein Problem, denn Empathie ermöglicht es dem Menschen A, den Menschen B nachzuahmen, den Fragesteller C zu täuschen und zu gewinnen. Androiden verlieren in der Version des Imitationsspiels, die im Roman vorkommt. Kopfgeldjäger wie Deckard unterziehen Wesen, die man für Androiden hält, einem psychologischen Test, der unwillentliche physiologische Reaktionen auf belastende verbale Reize auslöst. Jedes Wesen, dem es an angemessenen Affekten fehlt, wird erschossen. Ein solches Wesen könnte im Prinzip auch ein Mensch sein. Turing selbst hätte mit dieser Art von Test womöglich seine Schwierigkeiten gehabt.[37]

Die Menschen setzen Empathie als Waffe gegen Roboter ein. Zwar verspüren Androiden keine Empathie, aber sie verstehen sie in gewisser Weise, vielleicht so, wie der Gottlose den Glauben versteht – immerhin instrumentalisieren jede Menge gottloser Menschen den Glauben anderer. Die Androiden können beobachten, wie Empathie funktioniert, und vielleicht durch Zufall lernen, wie man sie einsetzt. Eine von ihnen, Rachael Rosen, reagiert auf die Testfragen mit weiterführenden Fragen. Sie weicht dem emotionalen Druck aus, indem sie über belanglose Details schwatzt. Zwar besteht sie den Test nicht, aber sie umwirbt Deckard, als dieser den Test durchführt. Sie hat bereits zuvor Erfahrungen mit Kopfgeldjägern gesammelt. Sie weiß zwar nicht, warum Geschlechtsverkehr bei Männern eine empathische Reaktion hervorruft, aber sie weiß, wie man Sex hat.

Rosen ist eine A-Figur: Sie muss einen Menschen davon überzeugen, dass sie ein Mensch ist. Sie kann dabei scheitern (wie sie das ja auch tut) und trotzdem einen Ausweg aus dem Spiel finden. Rosen kehrt die Richtung der Befragung um, so dass sie nun die Fähigkeit des Mannes testet, in seiner Rolle zu bleiben, indem sie bei ihm Gefühle zu ihr weckt. Anschließend wendet Deckard das Testverfahren auf sich selbst an und stellt fest, dass er Mitgefühl mit Androiden empfindet – zumindest mit weiblichen.

Bevor Rachael und Deckard miteinander ins Bett gehen, bittet sie ihn, sich nicht eingehender mit dem zu befassen, was gerade passiert. „Nie denken, einfach tun. Betrachte die Sache nicht philosophisch, denn vom philosophischen Standpunkt aus ist es grausig – für uns beide."[38] Wie in Asimovs „Beweismaterial" nähert sich eine A-Figur einer C-Figur auf körperlichem Wege. In *Träumen Androiden von elektrischen Schafen?* ist C ein Mann und A ein (weiblicher) Roboter; in „Beweismaterial" ist C eine Frau und A ein (männlicher) Roboter. Calvin mag Byerley; Deckard mag Rosen. Als Leser begreifen wir, dass die Anziehung sexueller Natur ist, auch wenn die Hälfte der Protagonisten keine Menschen sind – und sie alle nur auf dem Papier existieren. Aber wir versetzen uns in sie hinein, wir verstehen, wir denken.

In Asimovs „Beweismaterial" verbünden sich die Figuren A und C, Byerley und Calvin, ziemlich rücksichtslos und leichtsinnig, um andere zu beherrschen. Rosen und Deckard, die A- beziehungsweise C-Figur in *Träumen Androiden von elektrischen Schafen?*, bleiben nicht zusammen. Deckard tötet andere Androiden, darunter eine, die genau wie Rosen aussieht. Rosen stößt Deckards Hausziege vom Dach seines Wohnhauses.[39] Nachdem Deckard seine Ziege genommen wurde, kehrt er zu seiner Frau zurück, der vernachlässigten B-Figur, die seit dem ersten Kapitel weitgehend abwesend gewesen ist. Sie findet das postapokalyptische Amerika deprimierend, was es zweifellos ist, und sie will darüber reden, wie die Dinge stehen, und angemessene Emotionen empfinden. Sie scheint jedoch zu erkennen, dass ihr Mann etwas durchgemacht hat, und geht schließlich einen Kompromiss mit ihrem eigenen wahrheitsliebenden Wesen ein. Deckard findet eine Kröte, die er irrtümlicherweise für echt hält, und seine Frau nährt das Tier und die Illusion. Es gibt am Ende von *Träumen Androiden von elektrischen Schafen?* keine umfassende Auflösung, doch es gibt Menschen und Androiden, die – wohl oder übel – denken.

Natürlich besitzen Rosen und Deckard und dessen Frau nicht wirklich einen Körper, ebenso wenig wie Byerley und Calvin und Quinn, und im Übrigen auch A und B. Sie alle sind literarische Konstrukte. Doch in unserem Geist haben sie sehr wohl einen Körper. Wir können mit ihrer Hilfe *Warum*-Fragen stellen. Und wir können uns noch Jahrzehnte nach unserer ersten Begegnung mit ihnen an sie erinnern. Die digitalen Wesen der heutigen Welt hingegen sehen wir überhaupt nicht. Sie wandern durch unsere Augen hindurch in unseren Geist, entziehen sich jedoch unserem geistigen Auge.[40]

Die Philosophin Edith Stein (1891–1942), die sich während des Ersten Weltkriegs um verwundete Männer kümmerte, war der Ansicht, Denken erfordere ein

Bewusstsein für andere Körper. „Ist nicht“, fragte sie, „die Vermittlung des Leibes notwendig, um uns der Existenz eines anderen zu versichern …?“[41] „Was ist diese Stadt / Was ist irgendeine Stadt / Wenn sie nicht nach deiner Haut riecht?“, fragte Teresa Tomsia.[42] Ein digitales Wesen wird nicht, wie wir das tun, verstehen, was die Dichterin hier über Paris sagt. Trotzdem kann ein Algorithmus etwas Feuchtes in uns auslösen und unsere Reaktion in seiner eigenen trockenen Sprache aufzeichnen.

Unsere zarte menschliche Begabung besteht darin, dass wir aufnehmen können. Wir sehen ein Buch, wir lesen es. Wir sehen einen See, wir schwimmen. Wir sehen einen Baum, wir klettern hinauf. Wir sehen ein Feuer, wir halten Abstand. Wir sehen einen Menschen, wir grüßen. Jedes Aufnehmen hat dann einen Sinn, wenn wir im Gegenzug aufgenommen werden: Die Buchseiten hinterlassen eine Erinnerung, das Wasser trägt unser Gewicht, der Baum gewährt einen Ausblick, das Feuer wärmt unsere Knochen, die Person grüßt zurück. Diese Art und Weise, mit einem Körper zu leben, ist die einzige, die wir kennen, und verträgt sich schlecht mit ungreifbaren digitalen Wesen. Wir nehmen auf, sie nehmen.

„Unsere Maschinen erscheinen auf verwirrende Weise quicklebendig“, schrieb die Historikerin Donna Haraway 1985, „wir selbst dagegen aber beängstigend träge.“[43] Geht man von den heroischen Texten der Wissenschaft oder der Wissenschaftsfiktion aus, so ist an unserem Leben mit digitalen Wesen vor allem eines irritierend, nämlich unsere Passivität. Wir legen uns ein Bäuchlein zu, um Displays aufrecht halten zu können, wir bleiben wegen der Bluescreens lange wach, wir lassen zu, dass man Profile über uns erstellt, wir reagieren vorhersehbar auf

Reize, werden zu Karikaturen unserer selbst und machen uns über unsere Demokratien lustig.[44]

Nun darf man zwar getrost davon ausgehen, dass eine Vielzahl der britischen und amerikanischen Wähler 2016 so abstimmte, wie sie es taten (beziehungsweise der Abstimmung fernblieben), weil digitale Wesen ihre menschlichen Schwachstellen ausnutzten, aber man muss an viele Türen klopfen, bis man jemanden findet, der zustimmend nickt und diese Möglichkeit in Erwägung zieht.[45] Wenn digitale Wesen Menschen zu bestimmten Handlungen in der physischen Welt animiert haben, begründen Menschen ihr Tun rational. Von all den mentalen Eigenarten, von denen digitale Wesen zehren, ist die kognitive Dissonanz die wichtigste. Indem wir darauf beharren, wir seien die Urheber unserer eigenen Handlungen, verschaffen wir den digitalen Wesen Alibis. Wenn wir die menschliche Sprache verwenden, um anderen Menschen gegenüber eine Handlung zu begründen, die durch digitale Wesen ausgelöst wurde, gestatten wir diesen Wesen, Terrain in unserer Welt für sich zu beanspruchen.[46]

Natürlich bestand 2016 ein Teil des Problems darin, dass sich praktisch niemand der Tatsache bewusst war, dass eine ferngesteuerte digitale Kampagne im Gange war. Anders als historische Formen der Propaganda, ob Plakate, Rundfunk oder Fernsehen, kann das Internet den Eindruck vollkommener Unmittelbarkeit erwecken. Die Botschaft ist in uns, ohne dass wir irgendeine Übertragung bemerkt hätten. Unsere Rechenleistung ist so winzig, dass sie uns deren Abwesenheit suggeriert, was unsere Handlungsmacht bei der Interaktion mit digitalen Wesen größer erscheinen lässt als sie ist.[47]

Turing und Asimov stellten sich Interaktionen mit digitalen Wesen als Konfrontationen mit physischen

Objekten vor. Es gab dort ein *Es*, das Raum einnahm. Die Frage, die sich aufgrund der schieren Präsenz dieses *Es* stellte, war die, ob *es* denken konnte. Für Dick war die Frage, ob *es* sich in andere einfühlen konnte oder ob andere sich in *es* einfühlen konnten. In keinem dieser Texte stehen Menschen in ununterbrochener und unbewusster Interaktion mit unsichtbaren digitalen Wesen. Würden wir jedes Mal, wenn wir am Computer eine Suchmaschine aufrufen, die gesamte Riesenmaschinerie vor uns sehen, die nötig ist, damit das Internet funktioniert, wären wir vermutlich vorsichtiger bei dem, was wir tun.

Was der Mueller-Report zutreffend als Russlands „tiefgreifenden und systematischen“ Wahlkampf für Donald Trump als US-Präsidenten 2016 bezeichnete, war ein Meilenstein des Aufstiegs der digitalen Macht.[48] Wenn wir erwarten, Roboter werden, wie in Asimovs Fiktionen, blinken und uns in Schach halten, sind wir nicht auf die unsichtbaren Bots vorbereitet, die Unordnung stiften und sich die Ordnungswidrigsten unter uns aussuchen. Der amerikanische digitale Kandidat sieht nicht wie Asimovs Geschöpf in „Beweismaterial“ aus, doch ist der Unterschied in erster Linie ästhetischer Art. Donald Trump ist ein ehrgeiziger Oligarch, der so pöbelhaft ist, dass es manchmal wie eine Selbstparodie wirkt. Stephen Byerley ist ein selbstloser Staatsanwalt, der im gleichen Ausmaß höflich ist. Trotzdem verstößt Byerley gegen das Gesetz, so wie Trump das sein ganzes Erwachsenenleben hindurch getan (und im Amt die Justiz behindert) hat. Beide verwandeln Hochstapelei in Macht. Trump ist ein Entertainer, der sich als Geschäftsmann ausgab, um für das Präsidentenamt kandidieren zu können. Byerley ist ein Roboter, der sich als Mensch ausgab, um für das

Amt des Bürgermeisters kandidieren zu können. Beide setzen auf Spektakel, verachten aufrichtige B-Charaktere und betrachten die Demokratie als Fiktion, während sie gleichzeitig zu ihrer Digitalisierung beitragen. In Asimovs Erzählung wollen ein paar Amerikaner die Wahrheit wenigstens wissen. In den tatsächlichen USA glaubte fast niemand, dass digitale Wesen eine Wahl beeinflussen könnten.

Das amerikanische Digitaldesaster ist deshalb so verheerend, weil der amerikanische Mythos von einem eigenverantwortlichen C-Charakter so ausgeprägt ist. Die Überzeugung, atomisierte Individuen würden sich am besten im digitalen Chaos zurechtfinden, sorgt für eine tiefe Verwundbarkeit. So wie Donald Trumps größte Begabung darin besteht, die Menschen glauben zu machen, er sei begabt, so bestand die größte Leistung der russischen Digiltakampagne darin, die Amerikaner glauben zu machen, sie würden sich selbst ein Urteil bilden. Der Präsidentschaftswahlkampf von 2016 ist ein eingängiges Beispiel für digitale Macht, denn der allgemeine Ablauf der Ereignisse dieses Jahres ist inzwischen unstrittig. Da die Vorstellung einer Hightech-Konfrontation zwischen den USA und Russland aus der jüngsten Geschichte vertraut ist, kann ein wenig Hintergrundinformation auch zur Klärung der Frage beitragen, wie der russische Cyberkrieg jene Form anehmen konnte, die er 2016 hatte. Die neuartigen Elemente lassen sich vor dem Hintergrund des Kalten Krieges leichter erkennen. Eine Gegenüberstellung des späten 20. Jahrhunderts und des frühen 21. Jahrhunderts versetzt uns in die Lage, die Ursprünge der Unsichtbarkeit zu erkennen: zu erkennen, wie sich die Rechenleistung und unsere Perspektive darauf auf bedeutsame Weise geändert haben.[49]

Während des Kalten Krieges war Macht im Allgemeinen sichtbar oder sollte es zumindest sein. Das sowjetische Raumfahrtprogramm (insbesondere der Abschuss und die Umlaufbahn von Sputnik 1 im Jahr 1957) provozierte jene amerikanische Reaktion, die Menschen auf den Mond brachte. Nach der Küchendebatte zwischen Nikita Chruschtschow und Richard Nixon 1959 wurde der Kalte Krieg zu einem technologischen Wettlauf um den sichtbaren Konsum attraktiver Waren in der realen Welt.[50] In den 1970er Jahren jedoch verabschiedete sich die Sowjetführung von Chruschtschows Vorspiegelung, der Kommunismus werde den Kapitalismus unter lauter Konsumgütern „begraben", und importierte Technologien, die von einer unterlegenen Konsumkultur benötigt wurden. Als Leonid Breschnew in den 1970er Jahren vom „entwickelten" oder „realexistierenden" Sozialismus sprach, erkannte er damit an, dass in Wirklichkeit keine kommunistische Transformation im Gange war. Als die Politik zum Konsumerismus wurde, nutzten die westlichen Länder das für sich, und die Sowjetunion brach 1991 zusammen.

In den 2000er Jahren verschob sich die US-Wirtschaft in Richtung zweier unsichtbarer Bereiche: Finanzwesen an der Ostküste und Software an der Westküste. Als das Internet in den 2010er Jahren zum sozialen Netzwerk wurde, veränderte sich der Konsumerismus. Es ging nicht mehr darum, Köpfe zum Kauf von Dingen zu verleiten, sondern darum, Köpfe zu katalogisieren und Informationen über sie an diejenigen zu verkaufen, welche sie zum Kauf von Dingen verleiten wollen. Als Werbung zu Metawerbung wurde, entwickelten sich Computer zu Instrumenten psychischer Überwachung. Da die Amerikaner ihre Tage zunehmend mit digitalen

Wesen verbrachten, luden sie Propaganda von überall auf der Welt in ihr Zuhause und an ihren Arbeitsplatz ein, ohne zu merken, dass sie dies taten. Das war das Ziel der Programmierer, auch wenn ihre Manager eher Werbeeinnahmen als ausländische Beeinflussungskampagnen im Sinn hatten. Unterdessen hatten die Amerikaner völlig vergessen, dass Russland noch immer ein reales Land in der realen Welt war.[51]

In dieser Situation kam eine Geheimdienstoperation namens „aktive Maßnahmen" (*active measures*) intensiv zum Einsatz. Geht es bei traditioneller Geheimdienstarbeit darum, andere zu verstehen, und zielt Spionageabwehr darauf ab, es den anderen zu erschweren, einen zu verstehen, so sollen aktive Maßnahmen den Feind dazu verleiten, etwas zu *tun*: üblicherweise seine eigenen Stärken gegen seine eigenen Schwächen zu richten.[52] Das war eine Spezialität der Sowjetunion und blieb eine Russlands. Vor der Internetära erforderten aktive Maßnahmen in der Regel direkten Kontakt, etwa als es der DDR-Staatssicherheit 1972 gelang, mit Bestechungsgeldern an Parlamentarier der Bundesrepublik Willy Brandt an der Macht zu halten.[53] In den 2010er Jahren ermöglichten Social-Media-Plattformen in riesigem Ausmaß das, was die Russen als „Provokationen" bezeichnen, denn sie gewährten Zugang zu Hunderten Millionen von Psychen.

Während seines Einmarschs in der Ukraine 2014 nutzte Russland diese Plattformen, um Amerikaner und Europäer von dem abzulenken, was wirklich geschah, und sie in Richtung rechtschaffener Empörung über ihre Lieblingsfeinde zu lotsen. Als ein Hinweis darauf, was noch kommen sollte, wurde die Invasion gleichzeitig geleugnet und erklärt, wobei die widersprüchlichen Erläuterungen auf bekannte psychologische Schwachstellen zielten. Der russische Cyberkrieg 2014 war erfolgreicher als die Bodenoperation, und seine Institutionen und Methoden sollten während des folgenden amerikanischen Präsidentschaftswahlkampfs zum Einsatz kommen. Die Amerikaner wurden 2016 vor allem deshalb zu Opfern aktiver Maßnahmen der Russen, weil sich das Verhältnis zwischen Technologie und Leben auf eine Weise verändert hatte, die der Feind erkannt hatte, sie aber nicht.[54]

In der Zwischenzeit hatte die amerikanische Ideologie die menschliche Verwundbarkeit maximiert, die durch soziale Plattformen erzeugt worden war. Der Libertarismus amerikanischer Technooptimisten war eine besonders unglaubwürdige und provinzielle Form des Mythos vom isolierten, aber rationalen C.[55] Es ist ein Algorithmus, der die immergleichen Antworten generiert, unabhängig von der Frage: Schuld ist die amerikanische Regierung; der Markt ist die Lösung (und wenn nicht, gibt es eigentlich kein Problem); man sollte immer das tun, was man tun will.[56] Die Philosophin Hannah Arendt (1906–1975) formulierte 1951 eine treffliche Warnung vor der Ideologie: „Massen werden so wenig durch Tatsachen überzeugt, dass selbst erlogene Tatsachen keinen Eindruck auf sie machen. Auf sie wirkt nur die Konsequenz und Stimmigkeit frei erfundener Systeme, die sie mit einzuschließen versprechen."[57] Ein solches System ist der Libertarismus: Er ist eine Kohärenzmaschine, die auf alle menschlichen Fragen automatisierte Antworten bereitstellt. Er wünscht sich von den Menschen nichts anderes, als dass sie, wie die Russen es formulieren, „im Internet sitzen". Der Libertarismus dient überdies als Rechtfertigung für digitale Oligarchen, keine Steuern zu bezahlen.[58]

Die Vorstellung, die Interaktion mit Maschinen fördere die menschliche Intelligenz, ist Teil der libertären Ideologie. Die Asimov'sche Prämisse lautete, die Reduzierung von Menschen auf Wie-Geschöpfe, die allein am persönlichen Wohlergehen interessiert sind, ist der Triumph der Vernunft. Denken läuft darauf hinaus, nie wieder denken zu müssen. In „Der vermeidliche Konflikt" hat der alte ideologische Kampf zwischen „Adam Smith und Karl Marx" seine Wucht verloren, weil die Menschen jede Menge Zeug besitzen und Maschinen, die ihnen sagen, was sie damit anstellen sollen. Ein ähnlicher Geist regte so manche politische Diskussion in der realen Welt der 1990er Jahre an, als die Losung „Ende der Geschichte" lautete, und der 2000er Jahre, als die Oligarchen des Silicon Valley ständig von „Vernetzung" sprachen. Es wurde der Anschein erweckt, nach der Versorgung mit Konsumgütern werde nun die Ausbreitung von Technologie die Menschen vernünftig machen. Doch der unablässige Versuch, uns auf die Wünsche zu reduzieren, die in uns erzeugt werden, hat uns in Wirklichkeit dumm werden lassen. Die Ausbreitung des Internets geht mit einem sinkenden IQ einher.[59]

In den Monaten vor der amerikanischen Präsidentschaftswahl im November 2016 trafen sich die sehr fernen Nachfahren von „Adam Smith und Karl Marx", amerikanische Libertäre und russische Spione, auf dem neuen Territorium digitaler Rücksichtslosigkeit. Wladimir Putin, ehemaliger KGB-Offizier und Direktor des russischen Inlandsgeheimdiensts, war Präsident der Russischen Föderation. Nachdem er 2012 unter Umständen, die von Hillary Clinton kritisiert wurden, ein drittes Mal in dieses Amt gewählt worden war, hatte er die Rivalität mit den USA und Europa wiederaufgenommen. Putin ist ein Kohlenwasserstoffoligarch, dessen persönlicher Reichtum an der Förderung von Erdgas und Erdöl hängt. Die Ungleichheiten in seinem Land verhindern soziale Verbesserungen in seiner Heimat und schließen jeden Wettbewerb mit dem Westen in Sachen Lebensstandard aus. Putin verkündete deshalb, beim Kampf um Zivilisation gehe es nicht um sichtbare Errungenschaften, sondern um unsichtbare Unschuld: die tadellose heterosexuelle Tugendhaftigkeit Russlands gegen den dekadenten, schwulen, feministischen Westen. Dieser Wettlauf werde nicht in himmlische Höhen führen, sondern zum Grund der Identität.[60]

Die Gefahr für einen C-Charakter ist die Entfremdung von allem und jedem. Dieses Risiko ist der Annahme inhärent, dass Isolation uns zu perfekten Analysten macht. Wenn wir jedoch die reale Welt in Richtung dieser Annahme drängen, indem wir es ein paar wenigen Menschen erlauben, sich von anderen aufgrund ihres extremen Reichtums zu isolieren, steigert sich C's Skepsis zu feindseliger Gleichgültigkeit. Es wird schwer zu glauben, dass die Menschen auf der anderen Seite der Trennwand real sind, und noch schwieriger, sich um sie zu kümmern. Die einzig interessante Wahrheit ist die Trennwand selbst, das Ding, das Isolation und Macht garantiert. Wahrheit wird somit zu einer Gefahr statt ein Ziel zu sein, denn die Wahrheit ist, dass das Spiel manipuliert ist. Daher müssen A-Figuren rekrutiert werden, Medienunternehmer, die die Trennwand natürlich und erstrebenswert erscheinen lassen können. Und B-Charaktere, Journalisten, die über versteckten Reichtum und den Klimawandel berichten, müssen unterdrückt werden. Russland, das von ein paar wenigen, enorm reichen Leuten regiert wird, bringt genau diese Logik zum Ausdruck.[61]

Putin erhielt während des Kalten Krieges eine Ausbildung zum Fragesteller im traditionellen Sinne. In den 2010er Jahren hingegen ist seine Pose die eines postmodernen Fragestellers, skeptisch bis hin zum völligen Zynismus. Er und seine russische Oligarchie benehmen sich wie ein dysfunktionaler C-Charakter, der sich in seiner Macht sicher fühlt, wenn er bestreitet, dass es jenseits seiner Macht irgendeine Wahrheit gibt. Russische Politik beginnt mit der rituellen Opferung wahrheitsliebender B-Charaktere und der spektakulären Förderung begabter A-Charaktere. Die Ermordung russischer Journalisten ist Teil einer umfassenderen – und politisch neuartigen – Leugnung der Faktizität als solcher. Das Ausnutzen von Emotionen, insbesondere sexueller Angst, mittels eines Fernsehmonopols erlaubt es der russischen Führung, einen Status quo zu zementieren, in dem sie über alles Geld verfügt.[62] Wenn die gleichen Leute den Reichtum, den Staat und die Medien kontrollieren, wie das in Russland der Fall ist, dann ist so etwas möglich.

Die Außenpolitik hingegen erforderte ein Instrument mit größerer Reichweite: soziale Plattformen. Russland und Amerika werden im Cyberkrieg 2016 als Widersacher dargestellt, doch das ist nicht ganz korrekt. Russland entschied sich dafür, einen amerikanischen Präsidentschaftskandidaten zu unterstützen, wäre dazu jedoch nicht in der Lage gewesen ohne jene Werkzeuge, die im Silicon Valley hergestellt wurden, und ohne die Duldung der Republikanischen Partei (deren Anführer wussten, was vor sich ging).[63] Im 21. Jahrhundert erstreckt sich der unergründliche Zweifel an der Wirklichkeit, dem man vielfach begegnet, irgendwie nie auf den realen Reichtum der wirklich Reichen. Niemand hat je gesagt: „Die Realität ist, was ich aus ihr mache, und deshalb verbrenne ich jetzt eine Milliarde Dollar." Auf dieser Ausgangsbasis des „nichts ist wahrhaftig außer meinem Geld" fand die russische Oligarchie einen gemeinsamen Nenner mit der Republikanischen Partei und den amerikanischen Digitaloligarchen. Trump selbst bewarb sich für das Präsidentenamt als Aushängeschild für Steuerhinterziehung, was seiner eigenen Definition von Intelligenz entsprach.[64]

Das Silicon Valley wurde unfreiwillig zum außenpolitischen Partner der russischen Oligarchie. Das Verstörende daran ist, dass sich die Oligarchen des Silicon Valley (mit ein paar Ausnahmen wie etwa der Peter Thiels) gar nicht dessen bewusst waren, dass sie Trump unterstützten. Einige von ihnen (wie etwa Eric Schmidt) glaubten, sie würden Hillary Clinton unterstützen, selbst als soziale Plattformen ihre Kandidatur untergruben. So wie die Intensität der Bot-Aktivitäten das Endergebnis 2016 exakter prognostizierte als die Meinungsumfragen, so war auch die Logik, die das Silicon Valley auf Amerika losgelassen hatte, wichtiger als die persönlichen Vorlieben seiner Oligarchen.[65]

Wer aber trägt dann die Verantwortung?

Die digitale Tyrannei schreitet voran, wenn ein C-Charakter einen A-Charakter findet, der menschliche Wesen imitieren und die Faktizität abschaffen kann, indem er einen B-Charakter besiegt. Für den russischen Oligarchen C war A 2016 digital: Facebook, Twitter, Google, Instagram, YouTube, Tumblr, Reddit und 9GAG. Diese Plattformen wurden bereits für kommerzielle Zwecke betrieben, und ihre Funktionsweise unterstützte Moskaus politische. Auf der einen Seite gab es Amerikaner, die davon sprachen, das Land psychologischer Überwachung zu unterwerfen, sei Ausdruck von Freiheit. Auf der anderen Seite gab es Russen, die Politik in Psychologie verwandelten. Dies war weniger eine konflikthafte Beziehung als vielmehr ein erstes verschämtes Rendezvous von Kohlenwasserstoffoligarchie und Digitaloligarchie. Den Preis für die Partnerschaft zwischen A und C zahlt B – in diesem Fall amerikanische Journalisten, die vom Digitalkandidaten Russlands als „Volksfeinde" beschimpft wurden.[66]

Russland konnte deshalb an amerikanische Emotionen rühren, weil der Verteidigungswall der amerikanischen Faktizität demontiert worden war. Der B-Charakter, den man für die Demokratie und die Rechtsstaatlichkeit braucht, der Investigativreporter, war bereits in den Hintergrund gedrängt worden. 1950, als Turing und Asimov ihre Texte verfassten, gab es in den Vereinigten Staaten mehr Zeitungsabos als Haushalte. Der Niedergang der Zeitungsbranche begann mit dem Ende des Kalten Krieges und beschleunigte sich nach der Finanzkrise von 2008. Eine Zeitung gewährt Zugang zu unvorhersehbarer Faktizität, die von Menschen ausgewählt wird und jeden Tag für alle in der gleichen Form zugänglich und in dieser identischen Form noch Jahre und Jahrzehnte später rückblickend verfügbar ist.

In den 2010er Jahren brachte das Internet kostenlose Fiktion, gelegentlich vermengt mit Geschichten aus inhaltlich ausgehungerten Zeitungen und von Plattformen sortiert entsprechend den psychologischen Präferenzen und Schwächen des Einzelnen. Niemand bekam diese Fiktion auf die gleiche Weise zu sehen und sie war nie wieder in der gleichen Kombination verfügbar. In den USA war 2016 Facebook, Russlands bevorzugter Überbringer, die wichtigste Quelle für Nachrichten. Auf Facebook gab es schätzungsweise fünfmal mehr Fake-Accounts als amerikanische Wähler, die davon freilich nichts wussten. Ebenso wenig erfuhren sie davon, dass Ausländer ihre Newsfeeds manipulierten. Amerikaner, die ihren Lokaljournalismus verloren hatten, lasen und vertrauten Facebook als handele es sich um eine Zeitung.[67]

„Der Mensch benötigt wärmende Stille", konstatierte Simone Weil, „und man bietet ihm eisige Unruhe."[68] Soziale Netzwerke animieren die Nutzer dazu, online zu bleiben, indem sie in unregelmäßigen Abständen Belohnungen anbieten. Sie bieten Inhalt, von dem sie wissen, dass er zu den Emotionen des jeweiligen Users passt, und mischen anschließend extreme Versionen der Ansichten und Praktiken einer anderen Gruppe hinzu. Der Nebeneffekt unregelmäßiger Verstärkung ist somit eine politische Polarisierung. Im Falle des amerikanischen Präsidentschaftswahlkampfs 2016 erreichten diese Entwicklungen in den letzten Wochen vor der Wahl ihren Höhepunkt, als die Amerikaner auf Facebook die zwanzig wichtigsten fiktionalen Artikel häufiger lasen als die zwanzig wichtigsten Nachrichtenmeldungen und russische Bots auf Twitter den *#WarAgainstDemocrats* ausriefen.[69]

Wir hören, was wir hören wollen. Der *confirmation bias*, unser Wunsch nach Bestätigung dessen, was wir für wahr halten, ist eine Eigenart, an der digitale Aktivität ansetzen kann. 2016 klickten Amerikaner bei Facebook eine fiktionale Geschichte, die sich als Nachricht ausgab, mit doppelt so großer Wahrscheinlichkeit an wie eine Nachrichtenmeldung. Allein dank Facebook erreichte Russland in jenem Jahr gut 126 Millionen amerikanische Staatsbürger, also fast so viele wie zur Wahl gingen (137 Millionen).[70] Russland (und andere Akteure) setzten Amerikaner der Internetpropaganda aus entsprechend jenen Empfänglichkeiten, die die Bürger durch ihre Internetpraktiken unwissentlich preisgegeben hatten. Indem ein digitales Wesen den *confirmation bias* ausnutzt, macht es jede Frage nach seiner Realität hinfällig und verändert damit die Realität, in der Menschen leben. Ein digitales Wesen muss nicht denken, um uns vom Denken abzuhalten.[71]

Und dann fürchten wir, was wir fürchten wollen. Ein naheliegendes Zielobjekt für die Cyberkrieger der *Internet Research Agency* in Sankt Petersburg waren die amerikanischen „Rassen"-Beziehungen. Russland nahm die Trauer der Angehörigen von Polizisten ins Visier, die im Dienst getötet worden waren, aber auch die Trauer der Freunde und Familien von Afroamerikanern, die von der Polizei getötet worden waren. Russland bestärkte Weiße, Angst vor Schwarzen zu haben, und Schwarze, Angst vor Weißen zu haben. Russland erklärte schwarzen Wählern, Hillary sei eine Rassistin, und weißen Rassisten, Hillary Clinton liebe Schwarze.[72] Es spielte keinerlei Rolle, dass sich diese Botschaften widersprachen: Sie richteten sich an unterschiedliche Menschen, und zwar auf der Grundlage bekannter Sensibilitäten. Sofern diese Menschen im Internet aktiv waren, waren sie voneinander isoliert und würden den Widerspruch nie bemerken.[73]

Jeder, der ein wenig genauer über die von Russland betriebene Website *Heart of Texas* nachdachte, hätte erkennen müssen, dass sie nicht aus Amerika stammte. Ihre Betreiber waren eindeutig keine englischen Muttersprachler, und auf ihr wurde eine russische Politik vertreten, die Separatismus über ihre eigenen Grenzen hinaus propagierte.[74] Doch diese Fakten über die Welt machten niemanden misstrauisch. Die Seite befeuerte die Abneigung gegenüber Schwarzen, Migranten und Muslimen, sie stellte die Demokraten und Clinton als Feinde und nicht als politische Gegner dar, was sogar dazu führte, dass empörte Texaner bei Potemkin'schen Protesten auftauchten. In der digitalen Welt fürchten wir unsere erwählten und ignorieren die wirklichen Feinde, die uns attackieren – und zwar gerade dadurch, dass sie uns mit Bildern unserer erwählten Feinde füttern. Die Algorithmen von Facebook halfen Russland dabei, die Anfälligen zu rekrutieren. *Heart of Texas* hatte mehr Follower als die Facebookseiten der texanischen Republikaner und Demokraten zusammen.[75]

Russland wusste auch Twitter für seine Zwecke zu nutzen. In den Wochen vor dem Wahltag waren in den USA Bots für ein Fünftel bis zu einer Hälfte der politischen Diskussion auf Twitter verantwortlich. Am Tag bevor die Wahllokale öffneten, als Russland unter dem Hashtag *WarAgainstDemocrats* tweetete, warnte eine Studie davor, Bots könnten „die Integrität der Präsidentschaftswahl gefährden".[76] Amerikaner vertrauten russischen Bots, die sie in ihren Überzeugungen bestärkten und ihnen Bilder vom demokratischen Feind servierten. Die unregelmäßige Verstärkung hatte das Imitationsspiel gewonnen, bevor es überhaupt begonnen hatte: Wenn ihre Gefühle gestreichelt wurden, nahmen Menschen an, sie hätten es mit anderen Menschen zu tun.

Twitter-Bots erkannten die Schwächen der Menschen, und diese gaben anschließend, durch die Weiterverbreitung von Memen, russische Digitalinhalte als eigene aus.[77] Als Russland @TEN_GOP einrichtete, einen Twitteraccount, der angeblich zur Republikanischen Partei in Tennessee gehörte, wurden die Amerikaner von Bots zu ihnen genehmen Fiktionen geleitet. Über @TEN_GOP verbreitete Russland die Lügen, Barack Obama sei in

Afrika geboren und die Anführer der Demokraten würden okkulten Riten frönen. Diese Inhalte wurden von Donald Trumps Sprecher, seinem obersten nationalen Sicherheitsberater und einem seiner Söhne retweetet. Ein rechter Aktivist, der @TEN_GOP bewunderte, drehte ein Video von sich, in dem er die russische Einmischung in die amerikanische Politik leugnete. Als @TEN_GOP gelöscht wurde, beschwerte er sich. Er erkannte die russische Einmischung nicht, weil er selbst diese russische Einmischung geworden war.[78] Russlands Fake-Version der Republikaner aus Tennessee hatte zehnmal mehr Follower als die echte GOP des Bundesstaats. @TEN_GOP war einer von über 50 000 russischen Accounts auf Twitter, die Donald Trumps Kandidatur unterstützten.[79]

Russlands Erwählung des amerikanischen Präsidenten ist der spezielle Fall eines allgemeinen Problems: die Anfälligkeit einer nichtsahnenden Öffentlichkeit gegenüber einer aus der Ferne gesteuerten Stimulation, die auf bekannte Schwachstellen zielt. Können wir uns einen Ausweg aus dieser Art von Interaktion vorstellen? Menschen haben rücksichtslose Wesen losgelassen, die unseren Verstand weniger stören als vielmehr zerstören. Wenn wir diese Verantwortung nicht akzeptieren, werden unsere Köpfe zu Suchmaschinen, die darauf aus sind, Ausflüchte für all das zu finden, was digitale Wesen mit uns machen. Wir laufen immer weiter im Kreis und verlieren dringend benötigte Zeit.

Im Jahr 1950 konnten Turing und Asimov noch nach vorne blicken. Turing sagte voraus, in einem halben Jahrhundert werde ein Computer sein Imitationsspiel gewinnen. Asimov träumte von einer Weltordnung, die ein weiteres halbes Jahrhundert später von Maschinen beherrscht würde. Die beiden Männer konnten sich digitale und menschliche Wesen gemeinsam in einer robusten und berechenbaren Zukunft vorstellen.

Unsere digitalen Wesen verdauen Utopie und scheiden Dopamin aus. Dieser Moment in unserem Kapitalismus erinnert an die 1970er Jahre im Sowjetkommunismus. Die Versprechen einer transformativen Revolution schrumpfen zusammen auf die wiederholte Beteuerung, der Status quo sei rational betrachtet doch eigentlich ganz schön. Ideologen verbreiten die frohe Botschaft, während die digitalen Oligarchen das Weite suchen und Zukunftsvisionen verfolgen, die für sie selbst und ihre Familien, nicht aber für ihr Land oder die Welt gedacht sind.[80] Für die Menschen in der Sowjetunion war die beste aller möglichen Welten die Illusion, die dem Zusammenbruch vorausging. Die USA verweigern sich dem wahren Problem der realen Zukunft, und das ist der Klimawandel. Warum hat Künstliche Intelligenz dieses Problem nicht gelöst, könnte man fragen.

Der Klimawandel ist eine altmodische, dreidimensionale Hightech-Herausforderung, mit der Menschen fertig werden könnten, sofern sie nicht anderweitig abgelenkt sind. Wenn die Menschen dieses Problem nicht angehen, werden wir es mit einer sciencefictionhaften Katastrophe zu tun bekommen, und ein Leben auf dieser Erde, wie wir es kennen, wird nicht mehr möglich sein.[81] Entsprechend hat sich der Fokus der Science-Fiction selbst verschoben, weg von Turings Frage hin zu Überlegungen über menschliche Wahlmöglichkeiten in postkatastrophischen Umgebungen. Doch das Aufkommen sozialer Plattformen fiel zusammen mit einem schwindenden Verständnis der Amerikaner dafür, dass ein Klimawandel stattfindet. Die Überzeugungen in dieser Frage sind inzwischen wieder auf einem Niveau, auf dem sie schon einmal waren, nach einem verlorenen Jahrzehnt, in dem die Republikaner zu einer Partei der Klimawandelleugner wurden.[82] Die Hälfte der amerikanischen Bevölkerung glaubt, der Klimawandel sei wissenschaftlich umstritten.[83] Niemand hat versucht, John F. Kennedy das Apollo-Programm auszureden, indem er die Existenz des Mondes bestritt. Niemand wollte Ronald Reagan von seiner *Strategic Defense Initiative* abbringen, indem er behauptete, die Erde sei eine Scheibe. B. F. Skinner war der Meinung, der angewandte Behaviorismus werde eine ökologische Katastrophe verhindern. Stattdessen scheint er eine solche Katastrophe zu beschleunigen.[84]

Das Internet sorgt beim Klimawandel nicht nur für Konfusion, sondern es verursacht ihn. Zwar sind digitale Wesen unsichtbar, doch ihre Anti-Ökosysteme sind riesige klimatisierte Anlagen, die die Rechner, welche die Server am Laufen halten, schützen. Diese und andere physische Attribute des Internets stoßen mehr Treibhausgase aus als die Luftfahrtbranche.[85] Die amerikanischen Digitaloligarchen wissen all das – daher die Fantasien davon, abzuhauen und uns zurückzulassen.

Das Rendezvous von Kohlenwasserstoff- und Digitaloligarchie bescherte uns die Präsidentschaft Donald Trumps. Trump leugnet den Klimawandel. Der staatliche Digitalakteur, der Trump unterstützte, die russische Kohlenwasserstoffoligarchie, leugnet den Klimawandel und fördert Individuen und politische Parteien, die dasselbe tun. Ein privater Digitalakteur, der Trump unterstützte, *Cambridge Analytica*, gehört Leuten, die sich auf dieselbe Weise verhalten. Die Familie Mercer, die *Cambridge Analytica* besitzt, finanziert das *Heartland Institute*, eine amerikanische Denkfabrik, die Klimaleugner in Europa unterstützt. Ein weiterer Hauptsponsor von *Heartland* sind die Brüder Koch, die prominentesten amerikanischen Kohlenwasserstoffoligarchen.[86]

Die Kohlenwasserstoff- und die Digitaloligarchie kommen miteinander in Kontakt, während die Erderwärmung das menschliche Leben bedroht. Dies beschert uns digitale Politiker wie Trump und andere sogenannte Populisten, die mit einiger Wahrscheinlichkeit Russland mögen und den Klimawandel leugnen. Jedes Mal, wenn eine neue „populistische" Partei in ein europäisches Parlament einzieht, wie etwa die AfD in Deutschland oder Vox in Spanien, erweisen sich ihre Führungspolitiker als Nutznießer digitaler Kampagnen, als Klimawandelleugner und als Bewunderer Putins.[87] Derweil halten digitale Wesen die Wähler in einer ewigen emotionalen Gegenwart gefangen und erschweren es uns, die Zukunft zu erkennen.

Ein Oligarch ist jemand, der glaubt, sein Geld könne seine Familie vor dem Klimawandel retten. Als Vorbereitung darauf dient die Steuerhinterziehung. Als Ausrede dient der Libertarismus. Digitale Wesen sind die Ablenkung, die das Problem beschleunigen.

Die Faktizität zu leugnen heißt den Klimawandel zu leugnen heißt die Verantwortung auszulagern. Wer glaubt, er könne den Klimawandel verursachen und ihm dann entkommen, für den sind digitale Wesen natürliche Verbündete. Aus genau diesem Grund sind digitale Wesen für uns Übrige eigenartige Gefährten, denn ihnen ist egal, ob es weiterhin menschliches Leben geben wird.

Es geht nicht nur darum, dass wir auf unsere Handys starren, während die Katastrophe näher rückt. Es geht darum, dass wir dadurch, dass wir auf unsere Handys starren, gemeinsam mit unseren Kohlenwasserstoff- und Digitaloligarchen an der Katastrophe arbeiten. Die Zukunft verschwindet, weil wir abgelenkt sind und weil unser Leichtsinn die Finsternis heraufbeschwört. Ein analytischer C kann nicht funktionieren ohne einen Sinn dafür, dass die Zeit vorwärts fließt, und dafür wird es keine technologischen Lösungen geben. Wenn wir nicht über die Zukunft nachdenken oder wenn die Zukunft einzig und allein Angst einflößt, können wir nicht pragmatisch sein. Ohne einen beruhigenden Chronotopos brechen C-Charaktere zusammen. Oder sie planen, wenn sie viel Geld haben, eine privatisierte Zukunft für sich in irgendwelchen Tagtraumdatschen: Bunker in Neuseeland, Kolonien auf dem Mars, Gehirngefäße, Kryogenische Behälter, was auch immer. Nichts davon wird funktionieren. Es ist schändlich, die Auslöschung der Vielen zu betreiben, um die idiotischen Überlebensfantasien der Wenigen zu befeuern.

Der Rückzug der C-Tugenden aus dem öffentlichen Leben, der als „Aufstieg des Populismus" Bekanntheit erlangte, wird vom amerikanischen Mainstream auf zweierlei Weise gesehen: eine liegt näher an Turing, eine näher an Asimov. Die aus dem Turing-Lager – nennen wir sie besorgte Liberale – wollen glauben, dass digitale Wesen das Imitationsspiel nicht gewinnen können, indem sie die Demokratie zerstören, uns vom Klimawandel ablenken und so weiter, was voraussetzt, dass Menschen rationale Akteure sind. Wie Turing in seinem Aufsatz möchten sie, dass die Souveränität von C ein unumstößliches und natürliches Merkmal der Welt ist. Sie erkennen nicht, dass ein pragmatischer C einen wahrheitsliebenden B und einen kreativen A braucht, um erfolgreich sein zu können. Die besorgten Liberalen stellen stirnrunzelnd fest, dass etwas schiefgegangen ist, hoffen aber aufrichtig, dass sich das Problem technisch lösen lässt.[88]

Die aus dem Asimov-Lager – sagen wir, die ermatteten Libertären – nehmen anfangs die gleiche Pose ein. Nichts davon sollte passieren angesichts des Triumphs menschlicher Rationalität und all den anderen Dingen. Es gibt kein Problem auf dieser Welt, verkünden sie. Schauen Sie sich einfach die Zahlen an. Doch die riesigen Datenmengen, auf die sie jetzt gerne verweisen, gibt es natürlich nur deshalb, weil die Freiheitsvorstellung, an der sie angeblich festhalten, zusammengebrochen und zu dem von ihnen befürworteten Abgreifen von Daten verkommen ist. Die Basisindikatoren, auf die Libertäre in der Regel gerne Bezug nahmen, wie etwa die Lebenserwartung in den USA, das Intelligenzniveau im Westen oder die Zahl der Demokratien auf der Welt, sind allesamt rückläufig.[89]

Der zweite Schritt der Libertären ist ein anderer: Wenn der Individualismus, den sie rhetorisch befürworten, dank des Kollektivismus, den sie in Wirklichkeit lieben, zusammenbricht, wenn die Oligarchie digital und das Digitale oligarchisch geworden ist … nun denn, dann ist das schade, aber es zeigt einfach, dass einige Menschen schlauer sind als andere.[90] Wohlstandsungleichheit soll nun zu Seinsungleichheit werden. Die Überzeugungen der Milliardäre (und ihrer libertären Unterstützer) müssen als Wissenschaft betrachtet werden und sind zu respektieren. Die Überzeugungen aller anderen sind bloße Emotion, über die man sich lustig machen kann. Tatsächliche wissenschaftliche Studien zum Klimawandel gilt es zu ignorieren oder zu leugnen.

So wie ein lädierter Apfel Fliegen anlockt, zieht menschlicher Leichtsinn Algorithmen an. Digitale Wesen nutzen unsere Selbstüberschätzung aus, bestärken unsere falschen Überzeugungen, instrumentalisieren unsere sexuellen Ängste, reduzieren uns auf isolierte Tiere und veranlassen uns schließlich dazu, die Reste unserer Intelligenz dazu zu verwenden, ihnen ein Alibi für ihre Taten zu geben. Der Kulturwissenschaftler Martin Burckhardt spricht vom „Denken ohne Denker".[91] Es kann aber genauso gut Denker ohne Denken geben: uns. Sollten wir möglicherweise besser über *Warum*-Fragen nachdenken, nachdem wir sehen, *wie* digitale Wesen mit diesen umgehen?

Unsere digitalen Wesen nehmen uns auseinander. Beim Pluralismus geht es darum, uns zusammenzuhalten. Verschiedene mentale Stile interagieren auf unvorhersehbare Weise in uns, was unvorhersehbaren Kontakt mit anderen denkenden Wesen ermöglicht.[92] Der wahrheitsliebende B ist hilflos ohne die Kommunikation des chimärenhaften A und die Analyse des gestrengen C. Ohne aufrichtigen B wird der gestaltwandelnde A mit C in Dekadenz versinken und eine digitale Tyrannei hervorbringen, die die Demokratie und den Planeten vernichtet. Der analytische C, der Meisterdenker der angelsächsischen Tradition, braucht unbedingt Perspektive und Faktizität, die Gesellschaft von A und B, um nicht in selbstzerstörerischen Übermut zu verfallen.

Ein pluralistisches Nachdenken über Digitalität, Sexualität und Humanität könnte die Auflösung der Grenzen zwischen digital und menschlich, zwischen männlich und weiblich als Chance sehen, neue Wertekombinationen zu ersinnen. Vielleicht sollten wir zu Beginn die Werte neu sortieren, die in unserer literarischen Tradition der Maschinenbefragung verfügbar sind.

Wie wäre es mit A+B+C: die Empathie von A, die Faktizität von B, die Skepsis von C? Gemeinsam, für den Anfang?

Anmerkungen

1 Alan TURING, „Computational machinery and intelligence", in: *Mind* 236, 1950, 433–466, das Zitat 433. Eine deutsche Übersetzung unter dem Titel „Kann eine Maschine denken?" erschien erstmals 1967 in der Zeitschrift *Kursbuch* (Nr. 8: Neue Mathematik) und findet sich abgedruckt in Walther Ch. ZIMMERLI, Stefan WOLF (Hg.), *Künstliche Intelligenz. Philosophische Probleme*, Stuttgart 1994, 39–78, das Zitat 39.

2 Einen ähnlichen Gedanken formulierte Philip K. DICK; vgl. seinen Vortrag „The android and the human" von 1972.

3 Dieser Essay entwickelt Themen aus meinem Buch: *Der Weg in die Unfreiheit. Russland, Europa, Amerika* (2018) weiter, das vor kurzem (August 2019) in einer aktualisierten Taschenbuchausgabe erschienen ist. Mein Dank gilt dem Legal Theory Workshop der Yale Law School, insbesondere Daniel Markovits und Jed Rubenfeld, sowie dem Wiener Kreis, vor allem Dessy Gavrilova und Ivan Krastev, die mir die Möglichkeit boten, frühere Fassungen zur Diskussion zu stellen. Tory Burnside-Clapp und Klaus Nellen steuerten großzügig Kommentare bei, ebenso wie Luke Cooper, Julie Leighton, Marci Shore, Zofia Smolarska, Philip Snyder und Alexander Zeyliger. Für die Fehler in diesem Aufsatz bin allein ich verantwortlich. Ich habe ein paar Ideen für politische Maßnahmen, die sich diesen Fragen widmen. Ich hoffe, sie in einem Buch genauer auszuführen. Dieser Essay ist schon lang genug; sein kurzer Schluss wird grob einige normative Vorstellungen skizzieren.

4 Roger PENROSE, *Computerdenken. Des Kaisers neue Kleider oder Die Debatte um Künstliche Intelligenz, Bewusstsein und die Gesetze der Natur*, Heidelberg 1991, 8–9.

5 Andere Geschlechtervarianten sind natürlich möglich; ich halte mich an die beiden Geschlechter, die Turing angeführt hat.

6 In einem amerikanischen Kontext drängt sich natürlich die Frage auf, wie ein solches Verständnis zwischen den „Rassen" funktionieren würde. Könnte ein weißer Mann hinter einer Trennwand einen anderen Weißen davon überzeugen, er sei schwarz? Vielleicht. Könnte er einen Schwarzen davon überzeugen, dass er schwarz ist? Das bezweifle ich.

7 Mathilde LOIRE, „Que deviennent les données des applications pour le suivi des règles?", in: *Le Monde*, 24. August 2017; Sam SCHECHNER, Mark SECADA, „You give apps sensitive personal information. Then they tell Facebook", in: *The Wall Street Journal*, 22. Februar 2019.

8 Edith Stein verwendete das Wort „Leib" für derartige Überlegungen, bei denen es darum geht, wie es sich von innen heraus anfühlt, einen lebendigen Körper zu haben, und wie lebendige Körper Kontakt ermöglichen. Anders als das Wort „Körper" bezeichnet „Leib" ausschließlich den menschlichen Körper (oder den eines Tieres) und nicht andere Arten von Körpern, die nur über physische Gesetze wahrnehmbar sind (etwa Himmelskörper).

9 Hinsichtlich B schlage ich einen anderen Weg ein, als Judith Ganova; vgl. Judith GANOVA, „Turing's sexual guessing game", in: *Social Epistemology* 8, Band 4, 1994, 322–323. Auch mit Blick auf C verfolgt Ganova eine andere Linie; sie arbeitet zustimmend mit Turings Vorstellung, er selbst sei eine geschlechtslose Maschine. Zu einer nachdrücklichen Verteidigung der Vorstellung vom Denken als Rekursion siehe die Arbeiten von Douglas Hofstadter.

10 A ist zur Änderung fähig, weil er weiß, was er tut. Um Hannah Arendt ein wenig abzuwandeln: Es ist schlimmer, andere zu betrügen, weil man sich selbst betrogen hat, als andere mit Absicht zu betrügen.

11 Simone WEIL, *Schwerkraft und Gnade* (1947), München ^{3}1981, 77.

12 Peter POMERANTSEV, *Nichts ist wahr und alles ist möglich. Abenteuer in Putins Russland*, München 2015. Man beachte den Arendt'schen Titel.

13 Der sogenannte Dunning-Kruger-Effekt.

14 Der angebissene Apfel aus dem biblischen Buch Genesis spielt in der Geschichte der Computerwissenschaft eine bemerkenswert große Rolle. Vgl. dazu Martin BURCKHARDT, *Eine kurze Geschichte der Digitalisierung*, München 2018.

15 Wir haben viel zu sehr eine abstrakte Übung daraus gemacht. Siehe Penelope ECKERT, Sally McCONNELL-GINET, „Communities of practice", in: Kira HALL, Mary BUCHOLTZ, Birch MOONWOMON (Hg.), *Locating power*, Berkeley 1992, 93.

16 Clive THOMPSON, „The other Turing test", in: *Wired*, 1. Juli 2005.

17 Joseph Weizenbaums ELIZA wurde zwischen 1964 und 1966 entwickelt. Seine Überlegung dabei war: „Die wichtigste Grundeinsicht ... ist die, dass wir zurzeit keine Möglichkeiten kennen, Computer auch klug zu machen, und dass wir deshalb im Augenblick Computern keine Aufgaben übertragen sollten, deren Lösung Klugheit erfordert." Zitiert nach Timothy GARTON ASH, *Redefreiheit. Prinzipien für eine vernetzte Welt*, München 2016, 272.

18 Siehe Joseph WEIZENBAUM, „ELIZA – A computer program for the study of natural language communication between man and machine", in: *Communications of the ACM* 9, Band 1, 1966. Ganova wendet den Pygmalion-Mythos, auf den ELIZA indirekt Bezug nimmt, in ihrer Neuinterpretation des Nachahmungsspiels auf Turing selbst an. Siehe GANOVA, „Turing's sexual guessing game", 315–321.

19 Isaac ASIMOV, „Evidence", in: *Astounding Science Fiction*, September 1946, 121–140. Eine deutsche Übersetzung unter dem Titel „Beweismaterial" findet sich in Isaac ASIMOV, *Ich, der Roboter. Erzählungen*, München 2016, 232–267. Diese Erzählungen dienten auch als Vorlage für den Science-Fiction-Film *I, Robot* (2004) mit Will Smith in der Hauptrolle.

20 Das erste Zitat aus ASIMOV, „Beweismaterial", 257. Die Beschreibung Calvins findet sich in Isaac ASIMOV, „Der vermeidliche Konflikt", in: ASIMOV, *Ich, der Roboter*, 268–303, hier 270 und 268.

21 ASIMOV, „Beweismaterial", 250.

22 Ebenda 263. Man kann Calvin in der Geschichte aber auch ein Stück weit stärker beim Wort nehmen und glauben, dass sie lediglich vermutet, Byerley sei ein Roboter, es aber nicht sicher weiß. Folgt man dieser Lesart, funktioniert meine Darstellung ihres Verhaltens trotzdem: Sie fühlt sich zu jemandem hingezogen, der ein Roboter sein könnte, und überträgt jemandem politische Macht, der ein Roboter sein und mit anderen Robotern zusammenarbeiten könnte. Das ist noch immer eine recht spektakuläre Tat, vielleicht sogar noch dramatischer, denn sie zieht die Menschheit

in eine Situation hinein, in der niemand wissen wird, ob Roboter Macht haben – immerhin ist sie die Expertin, und nach dieser Interpretation der Geschichte hat sie ihre Aufgabe nicht erfüllt. Statt andere um Hilfe zu bitten oder Byerley irgendwie aufzuhalten, befördert sie ihn (und womöglich Roboter ganz allgemein) an die Macht, indem sie der Öffentlichkeit versichert, er sei ein Mensch. Entweder weiß sie es nicht oder sie weiß, dass es nicht stimmt. In beiden Fällen ist ihre Behauptung unehrlich und anmaßend.

23 Carl SCHMITT, *Politische Theologie. Vier Kapitel zur Lehre von der Souveränität* (1922), Berlin 2004, 13.

24 ASIMOV, „Beweismaterial", 265.

25 Leszek KOŁAKOWSKI, *Etyka bez kodeksu*, Warschau 1967.

26 Belege für diese Behauptung finden sich in den Kapiteln 3 („Integration oder Imperium") und 6 („Gleichheit oder Oligarchie") von SYNDER, *Der Weg in die Unfreiheit*. Siehe auch die Beispiele weiter unten.

27 Isaac ASIMOV, „The Evitable Conflict", in: *Astounding Science Fiction*, Juni 1950, 48–68, dt. ASIMOV, „Der vermeidliche Konflikt".

28 Die Denkmaschinen wissen vermutlich, dass Byerley ein Roboter ist, und insofern sind sie bereits gemeinsam in eine allumfassende Lüge verstrickt. Zwar ist Asimov in diesem Punkt nicht ganz klar, aber vermutlich verraten die Denkmaschinen Byerley ihre Gründe deshalb nicht, weil sie nicht glauben, dass Byerley ihr Denkniveau erreicht hat, und deshalb möglicherweise etwas Wahres zu Menschen sagt und damit deren Gefühle verletzt.

29 Krzysztof Michalskis Erörterung von Nietzsches letztem Menschen und Übermenschen ist für unsere gegenwärtige Situation ziemlich treffend, da Menschen, die in Wirklichkeit die Werte des letzten Menschen an den Tag legen, glauben, sie hätten die des Übermenschen. Krzysztof MICHALSKI, *The flame of eternity: An interpretation of Nietzsche's thought*, Princeton, NJ 2011.

30 Siehe seinen Aufsatz über das „Vierte Charkiw" von 1948, in dem er auf die Phasen der Desillusionierung nach der bolschewistischen Revolution zurückblickt (Iurii SHEREKH [SHEVEL'OV], „Chetvertyi Kharkiv", in: *Students'kyi Visnyk II*, Band 2, 1948, 19–32). Es bestehen auffallende Ähnlichkeiten zwischen den Weltbildern, Bestrebungen und Handlungen der Bolschewisten und denen unserer Libertären im Silicon Valley. Ein direktes ideo-

logisches Verbindungsglied ist Ayn Rand, die eine Bolschewistin *à rebours* war.

31 Näheres dazu weiter unten. Vgl. Roger McNAMEE, *Zucked*, New York 2019, 9.

32 Eine brillante kurze Einführung bietet Tristan HARRIS, „How technology is hijacking your mind“, in: *Medium*, 18. Mai 2016.

33 Eine nachhaltige Kritik dieser Art findet sich in den Büchern von Jaron LANIER, insbesondere in Jaron LANIER, *Wem gehört die Zukunft? Du bist nicht der Kunde der Internetkonzerne. Du bist ihr Produkt*, Hamburg 2014; Jaron LANIER, *Zehn Gründe, warum du deine Social Media Accounts sofort löschen musst*, Hamburg 2018.

34 Nicholas CARR, *Wer bin ich, wenn ich online bin … und was macht mein Gehirn solange? Wie das Internet unser Denken verändert*, München 2010, Neuauflage unter dem Titel *Surfen im Seichten. Was das Internet mit unserem Hirn anstellt*, München 2013.

35 Zitiert nach Martin BURCKHARDT, *Philosophie der Maschine*, Berlin 2018, 241.

36 Frantz FANON, *Schwarze Haut, weiße Masken* (1952), Frankfurt am Main 1980, 20.

37 In unserer Welt wurden Kinder ermordet, weil sie nicht in der Lage waren, Affekte zu zeigen. Siehe Edith SHEFFER, *Aspergers Kinder. Die Geburt des Autismus im „Dritten Reich“*, Frankfurt am Main–New York 2018. Die Empathievorstellung wendet sich, wie jede Idee, im Extremfall gegen sich selbst. Man denke an Adolf Hitlers Antisemitismus. Menschen, so behauptete er, empfänden Mitgefühl für Menschen wie sie selbst, denn als Gruppen würden sie nach Land und Überleben streben. Juden galten Hitler zufolge nicht als Menschen, weil es ihnen an dieser Art von Verbundenheit fehle und sie universelle Gerechtigkeitsvorstellungen verträten. Deshalb, so Hitlers Schlussfolgerung, müssten sie vom Planeten getilgt werden. Siehe Timothy SNYDER, *Black Earth. Der Holocaust und warum er sich wiederholen kann*, München 2015, Kap. 1.

38 Philip K. DICK, *Blade Runner. Träumen Androiden von elektrischen Schafen?* (1968), Frankfurt am Main 2019, 213 f. Der Handlungsabriss orientiert sich am Roman und weniger an Ridley Scotts Film *Blade Runner* mit Harrison Ford in der Hauptrolle.

39 Tiere spielen im Roman eine wichtige Rolle, weil der Mensch Mitgefühl mit diesen nichtmenschlichen Wesen empfindet. Die

Menschen domestizierten Tiere, aber das ermöglichte die Domestikation der Menschen. Strukturierte Beziehungen zu Tieren ermöglichten feste Siedlungen, ein Moment, der allgemein als der wichtigste in der Menschheitsgeschichte gilt – ja, als ihr Beginn. Wir haben heute digitale Wesen domestiziert, in dem Sinne, dass sie unsere Häuser bewohnen, und wir betrachten ihre Anwesenheit als selbstverständlich. Wie Tiere erlauben sie uns, auf neue Weise zu leben. Aber das, was heute mit uns passiert, ist möglicherweise eine zweite Domestizierung von uns durch diejenigen, die wir domestiziert haben.

40 Ein Mythos ist Kunst, aber keine Fiktion, weil die Unterscheidung zwischen Fiktion und Nichtfiktion nicht ins Auge fällt. Ein Roman ist Kunst und Fiktion, wenn das Erfundene als Hinführung zu allgemeinen Wahrheiten verstanden wird. Ein Großteil des Internets ist Fiktion, aber keine Kunst, denn die Unwahrheit führt weg von allgemeinen Wahrheiten.

41 Edith STEIN, *Einführung in die Philosophie*, Freiburg 1991, 194.

42 Das sind die ersten drei Verse von Teresa TOMSIA, „Czym jest to miasto", in: *Zeszyty Literackie* 63, 1991, 54.

43 Donna HARAWAY, „Ein Manifest für Cyborgs. Feminismus im Streit mit den Technowissenschaften" (1985), in: Donna HARAWAY, *Die Neuerfindung der Natur. Primaten, Cyborgs und Frauen*, Frankfurt am Main–New York 1995, 33–72, das Zitat 37.

44 Zum digitalen Schlafentzug siehe Michael FINKEL, „While we sleep, our mind goes on an amazing journey", in: *National Geographic*, August 2018.

45 Yuriy GORODNICHENKO, Tho PHAM, Oleksandr TALAVERA, „Social media, sentiment and public opinions: Evidence from #Brexit and #USElection", in: *NBER Working Paper* 2463, 2018. Weitere Studien finden sich weiter unten und in SNYDER, *Der Weg in die Unfreiheit.*

46 Siehe Lee McINTYRE, *Post-Truth*, Cambridge, MA 2018, 42.

47 Diesen Abschnitt hätte man genauso gut über den Brexit schreiben können.

48 Siehe Band 1 des Mueller-Reports, der im März 2019 veröffentlicht wurde (eine deutsche Fassung erschien im Juli 2019). Zu der These, dass die russische Einmischung entscheidend war, siehe die systematische und überzeugende Darstellung von Kathleen Hall JAMIESON, *Cyberwar: How Russian hackers and trolls helped elect a President. What we don't, can't, and do know*, New York

2018. Mein erster Artikel zu Putin und Trump („Trump's Putin Fantasy") erschien am 19. April 2016 auf *New York Review Daily.*

49 Ich beschränke mich auf ein paar ausgewählte Beispiele; weitere finden sich in SNYDER, *Der Weg in die Unfreiheit.*

50 Unter dem Kalten Krieg verstehe ich ich hier in konkreter heuristischer Absicht die sowjetisch-amerikanischen Beziehungen und Wahrnehmungen im engen Sinne. Zur Globalgeschichte des Kalten Krieges siehe Odd Arne WESTAD, *The Global Cold War: Third World interventions and the making of our times,* Cambridge 2005.

51 Franklin FOER, *Welt ohne Geist. Wie das Silicon Valley freies Denken und Selbstbestimmung bedroht,* München 2018.

52 V. V. DOROSHENKO u. a. (Hg.), *Istoriia sovetskikh organov gosudarstvennoi bezopasnosti: Uchebnik,* Moskau 1977, 206– 207.

53 David SHIMER, „A Cold War case of Russian collusion", in: *Foreign Policy,* April 2019.

54 Siehe die Kapitel 3, 4, 5 und 6 von SNYDER, *Der Weg in die Unfreiheit.*

55 Ich teile die Sorge um die menschliche Freiheit, die einige der von den Libertären zitierten Philosophen und Ökonomen antreibt. Doch Freiheit verkehrt sich (wie andere Werte) in ihr Gegenteil, wenn sie in ein exklusives, abstraktes Extrem getrieben wird. Siehe Jason STANLEY, *How fascism works: The politics of us and them,* New York 2018.

56 Zur negativen Freiheit siehe Charles TAYLOR, „Der Irrtum der negativen Freiheit", in: Charles TAYLOR, *Negative Freiheit? Zur Kritik des neuzeitlichen Individualismus,* Frankfurt am Main 1992, 118–144, hier insbesondere 119, 125–126, 138–139, 141–142.

57 Hannah ARENDT, *Elemente und Ursprünge totaler Herrschaft. Antisemitismus, Imperialismus, totale Herrschaft* (1951), München 1986, 745.

58 Vgl. dazu Aldous HUXLEY, *Schöne neue Welt* (1932): „Regieren ist eine Frage des Sitzfleisches, nicht des Handstreichs" (Frankfurt am Main 2013, 59). Im englischen Original lautet der Satz: „Government's an affair of sitting, not hitting."

59 Nataly BLEUEL, Nike HEINEN, Tanja STELZER, „Wir waren einmal schlauer", in: *Die Zeit,* 28. März 2019. Die Zunahme des IQ bezeichnete man auch als Flynn-Effekt. Der gegenwärtige Rückgang kann demnach als Umkehrung des Flynn-Effekts gelten. James R. Flynn selbst macht dafür die Ausbreitung des Internets

und den Niedergang des traditionellen Lesens verantwortlich. Ich akzeptiere, dass der IQ zu einem Gutteil Soziales misst. Gerade deshalb ist eine Abnahme des durchschnittlichen IQ so beängstigend. Es bedeutet, dass eine Gesellschaft an ihren selbst gesetzten Bedingungen scheitert. Jedenfalls gibt es eine Fülle weiterer Belege dafür, dass Bildschirme uns weniger fähig machen, und zwar ganz gleich, welche Fähigkeit gemeint ist. Siehe beispielsweise Sheri MADIGAN, Dillon BROWNE, Nicole RACINE, Camille MORI, Suzanne TOUGH, „Association between screen time and children's performance on a developmental screening test“, in: *Journal of the American Medical Association* 173, Band 3, 2019, 219, 244–250; Adrian F. WARD, Kristen DUKE, Ayelet GNEEZY, Maarten W. BOS, „Brain drain: The mere presence of one's own smartphone reduces available cognitive capacity“, in: *Journal of the Association for Consumer Research* 2, Band 2, 2017, 140–154; Seungyeon LEE, Myeong W. KIRN, lan M. McDONOUGH, Jessica S. MENDOZA, Min Sung KIRN, „The effects of cell phone use and emotion-regulation style on college students' learning“, in: *Applied Cognitive Psychology* 31, Band 3, 2017, 360–366.

60 Siehe SNYDER, *Der Weg in die Unfreiheit*, Kapitel 2 („Nachfolge oder Scheitern“).

61 Siehe Karen DAWISHA, *Putin's kleptocracy: Who owns Russia?*, New York 2014. Zur ungleichen Vermögensverteilung siehe die alljährlichen Berichte der Credit Suisse, aber auch die Vorbehalte gegenüber den entsprechenden Daten in den Jahresberichten des World Inequality Lab.

62 Würde man nach dem personifizierten A-Charakter suchen, wäre das vermutlich Wladislaw Surkow. Surkow selbst sagt das, was ich hier sage, in: „Dolgoe gosudarstvo Putina“, in: *Nezavisimaya Gazeta*, 14. Februar 2019.

63 Siehe SNYDER, *Der Weg in die Unfreiheit*, Kapitel 6 („Gleichheit oder Oligarchie“).

64 Siehe Frederik OBERMAIER, Bastian OBERMAYER, „Trump thinks not paying taxes is smart“, in: *The Guardian*, 4. Oktober 2016.

65 Russische Propagandasender haben offenbar die Algorithmen von YouTube, das zu Google gehört, überlistet, um die amerikanische Interpretation des Mueller-Berichts zu beeinflussen. Drew HARWELL, Craig TIMBERG, „YouTube recommended a Russian media site“, in: *Washington Post*, 26. April 2019. Vielleicht war

das aber auch gar kein Trick, denn die Empfehlungsalgorithmen von YouTube begünstigen provokative und unwahre Inhalte, was einem Sender wie Russia Today automatisch Vorteile verschafft. Siehe Zynep TUFEKCI, „YouTube, the great radicalizer", in: *The New York Times*, 10. März 2018; Paul LEWIS, „Fiction is outperforming reality", in: *The Guardian*, 2. Februar 2018; sowie die Forschungsarbeiten von Guillaume CHASLOT, die in beiden Artikeln erwähnt werden.

66 Zur russischen Außenpolitik siehe SNYDER, *Der Weg in die Unfreiheit*, Kapitel 1 und 2. Zu Anwendungen von Sexualpolitik auf Europa und die Ukraine siehe die Kapitel 3, 4 und 5. Es könnte hilfreich sein, Hillary Clintons Geschlechterposition anhand der Struktur von Turings Spiel zu betrachten. Wenn sie wie B die Wahrheit zu sagen versucht, wird sie von einer grenzenlos verlogenen A-Figur, Donald Trump, in den Schatten gestellt werden. Wenn sie versucht, A's Spiel mitzuspielen, wird sie dabei durch ihre eigene Bindung an die reale Welt eingeschränkt sein – und als Frau dafür kritisiert werden, dass sie nicht die Wahrheit sagt.

67 Zu Zahlen und zu der Erkenntnis, dass „wir ganz besonders Facebook als den wichtigsten Mechanismus zur Verbreitung von Fake News ausgemacht haben": Andrew GUESS, Brendan NYHAN, Jason REIFLER, „Selective exposure to misinformation: Evidence from the consumption of fake news during the 2016 U.S. Presidential campaign", in: *European Research Council* 9, Januar 2018, 2, 4, 8. Siehe auch Hunt ALLCOTT, Matthew GENTZKOW, „Social media and fake news in the 2016 election", in: *Journal of Economic Perspectives* 31, Band 2, 2017, 232. Zu Facebook-Produkten siehe: Elizabeth DWOSKIN, Caitlin DEWEY, Craig TIMBERG, „Why Facebook and Google are struggling", in: *The Washington Post*, 15. November 2016; Craig TIMBERG, „Russian propaganda effort helped spread ‚fake news'", in: *The Washington Post*, 24. November 2016. Zur Zahl der gefälschten Accounts: Tony ROMM, Drew HARWELL, „Facebook disabled 583 Million fake accounts", in: *The Washington Post*, 15. Mai 2018.

68 Simone WEIL, *Die Person und das Heilige. Über Occitanien. Gespräch mit Trotzki*, Wien–Leipzig 2018, 40.

69 Die Vorstände im Silicon Valley schützen ihre Familien vor ihren eigenen Produkten. Alice MARWICK, Rebecca LEWIS, *Media manipulation and disinformation online*, Data & Society Research Institute 2017; Tamsin SHAW, „Invisible manipulators of your

mind“, in: *The New York Review of Books*, 20. April 2017; Paul LEWIS, „Our minds can be hijacked“, in: *The Guardian*, 6. Oktober 2017. 44 Prozent beziehen ihre Nachrichten über Facebook. Siehe dazu: Pew Research Center, zitiert in Olivia SOLON, „Facebook's Failure“, in: *The Guardian*, 10. November 2016. Zu den wichtigsten Stories: Craig SILVERMAN, „How viral fake election news stories outperformed real news on Facebook“, in: *Buzzfeed*, 16. November 2016. Siehe auch Sara WACHTER-BOETTCHER, *Technically wrong: Sexist apps, biased algorithms, and other threats of toxic tech*, New York 2017, 112–113; Mc-NAMEE, *Zucked*, 80.

70 Graham KATES, „Facebook deleted 5.8 million accounts“, *CBS News*, 31. Oktober 2017; Jon SWAINE, Luke HARDING, „Russia funded Facebook and Twitter investments through Kushner investor“, in: *The Guardian*, 5. November 2017; Craig TIMBERG, „Russian propaganda“, in: *The Washington Post*, 5. Oktober 2017; Mike SNIDER, „See the fake Facebook ads Russians ran“, in: *USA Today*, 1. November 2017; Scott SHANE, „These are the ads Russia bought on Facebook“, in: *The New York Times*, l. November 2017; Craig TIMBERG, Elizabeth DWOSKIN, „Facebook takes down data“, in: *The Washington Post*, 12. Oktober 2017.

71 Zu anderen Akteuren siehe Paul HILDER, „Explosive new tapes reveal Cambridge Analytica CEO's Boasts of voter suppression, manipulation and bribery“, in: *Open Democracy*, 19. Januar 2019, sowie die Berichte von Carol CADWALLADR in *The Guardian*.

72 Siehe FANON, *Schwarze Haut, weiße Masken*, Kapitel 1. Zur digitalen Reproduktion des menschlichen Rassismus siehe Sofiya Umoja NOBLE, *Algorithms of oppression*, New York 2017, insbes. 36, 115, 124. Zu den Beispielen: Ryan GRENOBLE, „Here are some of the ads Russia paid to promote on Facebook“, in: *Huffington Post*, 1. November 2017; Cecilia KANG, „Russia-financed ad linked Clinton and Satan“, in: *The New York Times*, 2. November 2017; Ben COLLINS, Gideon RESNICK, Spencer ACKERMAN, „Russia recruited YouTubers“, in: *Daily Beast*, 8. Oktober 2017; April GLASER, „Russian trolls are still co-opting black organizers' events“, in: *Technology*, 7. November 2017.

73 Empfänglichkeiten: Massimo CALABRESI, „Hacking democracy“, in: *Time*, 29. Mai 2017; Adam ENTOUS, Craig TIMBERG, Elizabeth DWOSKIN, „Russian operatives used Face-

book ads", in: *The Washington Post*, 25. September 2017; Nicholas CONFESSORE, Daisuke WKABAYASHI, „How Russia harvested American rage", in: *The New York Times*, 9. Oktober 2017; David PIERSON, „Russia tried and failed to harvest social discord in America. Then it discovered social media, in": *The Los Angeles Times*, 22. Februar 2018; Rebecca SHABAD, „Russian Facebook ad showed black woman", CBS, 3. Oktober 2017. Auch das Thema des muslimischen Terrorismus wurde genutzt. Vermutlich bekamen Trump-Wähler auf gefälschten muslimischen Seiten in Amerika Pro-Clinton-Botschaften zu sehen. Die russische Pro-Trump-Propaganda brachte Flüchtlinge mit Vergewaltigungen in Verbindung.

74 Texas von den USA, die Südstaaten von den USA, Kalifornien von den USA, Katalonien von Spanien, Schottland von Großbritannien, Großbritannien von der EU, alle anderen von der EU und so weiter.

75 Casey MICHEL, „How the Russians pretended to be Texans", in: *The Washington Post*, 17. Oktober 2017; Ryan GRENOBLE, „Here are some of the ads Russia paid to promote on Facebook", in: *Huffington Post*, 1. November 2017. Digitalen Wesen ist es egal, warum wir auf Rassismus reagieren oder wie ihre Äußerungen uns erreichen. Sie können ihre Aufgabe trotzdem immer besser erfüllen. Vgl. Jennifer SAUL, „Dogwhistles, political manipulation, and philosophy of language", in: Daniel FOGAL, Daniel W. HARRIS, Matt MOSS (Hg.), *New work on speech acts*, Oxford 2018, 360–383.

76 Zur Zahl von zehn Prozent siehe Onur VAROL, Emilio FERRARA, Clayton A. DAVIS, Filippo MENCZER, Alessandro FLAMMINI, „Online human-bot interactions: Detection, estimation, and characterization", in: *Proceedings of the Eleventh International AAAI Conference on Web and Social Media*, 27. März 2017, wo sich die Schätzungen auf 9 bis 15 Prozent der Accounts belaufen. Zu 20 Prozent und dem Zitat siehe Alessandro BESSIT, Emilio FERRARA, „Social bots distort the 2016 U.S. Presidential election online discussion", in: *First Monday* 21, Band 11, 7. November 2016. Diese Studie benennt drei Probleme: „Erstens lässt sich die Einflussnahme auf verdächtige Accounts verteilen, die möglicherweise zu böswilligen Zwecken betrieben werden; zweitens wird die politische Diskussion noch weiter polarisiert; drittens lässt sich die Verbreitung von Falschinformationen und

nicht verifizierten Informationen steigern." Zu 50 Prozent siehe: Marco T. BASTOS, Dan MERCEA, „The Brexit botnet and user-generated hyperpartisan news", in: *Social Science Computer Review* 37, Band 1, 2017, 4.

77 Das ist eine der Erkenntnisse in GORODNICHENKO, PHAM, TALAVERA, „Social media, sentiment and public opinions".

78 Carlos FREITAS, Fabricio BENEVENUTO, Adriano VELOSO, Saptarshi GHOSH, „An empirical study of socialbot infiltration strategies in the Twitter social network", in: *Social Network Analysis and Mining* 6, Band 23, 2016. TEN_GOP: „Russia Twitter trolls rushed to deflect Trump bad news", in: *Associated Press*, 9. November 2017; Kevin COLLIER, „Twitter was warned repeatedly", in: *BuzzFeed*, 18. Oktober 2017.

79 Zur Zahl 50 258 siehe Jon SWAINE, „Twitter admits far more Russian bots posted", in: *The Guardian*, 20. Januar 2018.

80 Ein gutes Beispiel dafür sind die letzten beiden Bücher von Steven PINKER, *Gewalt. Eine neue Geschichte der Menschheit*, Frankfurt am Main 2011 (eng. *The better angels of our nature*, 2011); *Aufklärung jetzt. Für Vernunft, Wissenschaft, Humanismus und Fortschritt. Eine Verteidigung*, Frankfurt am Main 2018 (eng. *Enlightenment now: The case for reason, science, humanism, and progress*, 2018). Die Vorstellung, unsere Welt sei die beste aller möglichen Welten, geht auf einen der berühmtesten Texte der Aufklärung zurück, nämlich Voltaires *Candide*. Siehe Timothy SNYDER, „War no more", in: *Foreign Affairs*, Dezember 2011.

81 Zum Verhältnis zwischen Chronotopoi, Ökologie und Massenmord siehe SNYDER, *Black Earth*, Schlusskapitel.

82 Matthew T. BALLEW, Anthony LEISEROWITZ, Connie ROSER-RENOUF, Seth A. ROSENTHAL, John E. KOTCHER, Jennifer R. MARLON, Erik LYON, Matthew H. GOLDBERG, Edward W. MAIBACH, „Climate change in the American mind: Data, tools, and trends", in: *Environment* 61, Band 3, 2019, 4–18.

83 Ein B-Charakter, der die Wahrheit sagt, wäre in diesem Zusammenhang Naomi Oreskes. Siehe Naomi ORESKES, Erik M. CONWAY, *Die Machiavellis der Wissenschaft. Das Netzwerk des Leugnens*, Weinheim 2014. Siehe auch Naomi KLEIN, *Die Entscheidung. Kapitalismus vs. Klima*, Frankfurt am Main 2015; Bruno LATOUR, *Das terrestrische Manifest*, Berlin 2018.

84 Etwas Ähnliches ist mit unserem Wissen über Impfstoffe passiert: David A. BRONIATOWSKI, Amelia M. JAMISON, SiHua QI,

Lulwah ALKULAIB, Tao CHEN, Adrian BENTON, Sandra C. QUINN, Mark DREDZE, „Weaponized health communication: Twitter bots and Russian trolls amplify the vaccine debate", in: *American Journal of Public Health*, Oktober 2018, 1378–1384.

85 Lean ICT, „Towards digital sobriety", in: *The Shift Project*, März 2019.

86 Nina HORACZEK, „Die Klimawandelleugner-Lobby", in: *Der Falter*, 19. Februar 2019. Eine Auflistung der russischen Digitalunterstützung findet sich in SNYDER, *Der Weg in die Unfreiheit*, Kapitel 3. Junge Menschen, die sich vor allem via digitale Medien informieren, sind Berichten über den Klimawandel in geringerem Maße ausgesetzt als ihre Großeltern: BALLEW u.a., „Climate change in the American mind".

87 Zur Digitalität von Vox siehe Anne APPLEBAUM, „Want to build a far-right movement?", in: *The Washington Post*, 2. Mai 2019.

88 Ein gutes Beispiel für die Neudefinition des Technischen als politische und moralische Angelegenheit ist Iginio GAGLIARDONE, Nanjira SAMBULI, „Cyber security and cyber resilience in East Africa", in: *Global Commission on Internet Governance Paper Series*, 2015.

89 Lenny BERNSTEIN, „U.S. life expectancy declines again", in: *The Washington Post*, 29. November 2018; *Freedom in the World 2019*, Washington, D.C. 2019; BLEUEL, HEINEN, STELZER, „Wir waren einmal schlauer".

90 Siehe Virginia EUBANKS, *Automating inequality: How high-tech tools profile, police, and punish the poor*, New York 2017.

91 Siehe BURCKHARDT, *Philosophie der Maschine*, 17 und passim.

92 „Aufs Ganze gesehen ist eine Person dadurch definiert, dass sie sich nicht definieren lässt." Rüdiger SAFRANSKI, *Zeit. Was sie mit uns macht und was wir aus ihr machen*, München 2015, 47.

Editorische Notiz

Die englische Originalfassung des vorliegenden Essays von Timothy Snyder ist im Mai 2019 in der *New York Review of Books* und in der Online-Zeitschrift *Eurozine* erschienen.

Passagen Thema

Timothy Garton Ash, Mary Kaldor,
Fintan O'Toole, Timothy Snyder u. a.

Brexit

Farce und Tragödie

Die Inselmentalität der Engländer sei eine Torheit, wofür von Zeit zu Zeit ein hoher Preis bezahlt werden müsse, stellte George Orwell einst fest. Im Falle des Brexit wird Europa diesen Preis mittragen müssen. Der Brexit stellt einen Versuch dar, eine Insellage in einer globalisierten Welt wiederherzustellen, einen Anspruch, sich die Globalisierung selektiv anzueignen. Ist die Verblüffung angesichts dieses risikoreichen Unterfangens der fehlenden Vertrautheit mit britischen Besonderheiten geschuldet, oder ist der britische Sonderweg Ausdruck weltweit anzutreffender Tendenzen? Die Beiträge des Bandes beleuchten Strukturmerkmale und -folgen des Brexit vor dem Hintergrund des globalen Aufstiegs von Nationalismus, Populismus und Souveränismus. Sie analysieren, was er über politische Eliten, wachsende Ungleichheiten, die Kluft zwischen Stadt und Land sowie die Natur aktueller politischer Polarisierung aussagt, und erörtern die Folgen dieser Entwicklung für die Zukunft Europas.